IMA MANAGEMENT ACCOU

·管理会计能力

企业风险管理

风险识别与防范

王满 沙秀娟 邓莹◎编著

人民邮电出版社

北京

图书在版编目（ＣＩＰ）数据

企业风险管理：风险识别与防范 / 王满，沙秀娟，
邓莹编著. -- 北京：人民邮电出版社，2023.10
（管理会计能力提升与企业高质量发展系列）
ISBN 978-7-115-62148-1

Ⅰ．①企… Ⅱ．①王… ②沙… ③邓… Ⅲ．①企业管
理－风险管理－研究 Ⅳ．①F272.35

中国国家版本馆CIP数据核字(2023)第119622号

内 容 提 要

随着全球化的发展，市场竞争越来越激烈，任何企业都处在多变的环境中并随时面临着风险，企业建立风险管理体系的重要性和紧迫性正逐步突显。风险管理对于企业实现目标、提高经营效率以及落实有关政策法规十分有益，对于企业提升生存能力、增强核心竞争力具有不可替代的作用。

本书内容分为两篇论述，第一篇为风险管理理论篇，第二篇为风险管理实战篇。理论篇侧重讲解风险管理的基本概念、方法、数字化时代的风险管理趋势、企业战略风险等内容。实战篇以分解企业实际业务循环的风险为基础，从企业投融资风险入手，依次讲解企业运营、国际化业务等方面的风险分析与应对，最后从全局视角讲解企业风险管理体系建设方面的相关问题。

本书案例丰富、内容充实，适合企业的中高层财务人员阅读以及想要学习企业风险管理的读者使用。

♦ 编　著　王　满　沙秀娟　邓　莹
　　责任编辑　刘　姿
　　责任印制　周昇亮

♦ 人民邮电出版社出版发行　　北京市丰台区成寿寺路 11 号
　　邮编　100164　　电子邮件　315@ptpress.com.cn
　　网址　https://www.ptpress.com.cn
　　涿州市般润文化传播有限公司印刷

♦ 开本：700×1000　1/16
　　印张：16　　　　　　　　　　2023 年 10 月第 1 版
　　字数：229 千字　　　　　　　2024 年 8 月河北第 3 次印刷

定价：89.80 元
读者服务热线：(010)81055296　印装质量热线：(010)81055316
反盗版热线：(010)81055315
广告经营许可证：京东市监广登字 20170147 号

管理会计能力提升与企业高质量发展系列丛书
编委会

丛书总主编

王立彦　李刚

编委（按姓氏音序排列）

陈虎　陈晓敏　邓莹　龚莉　郭奕　胡玉明　黄怡琴　李留闯　李懋劼

李宪琛　齐建民　沙秀娟　宋环环　孙彦丛　田高良　田雪峰　王满

王兴山　张晓涛　赵成立　赵旖旎　周一虹

实务界编委（按姓氏音序排列）

邓国攀　刘庆华　路遥　王逸　徐昊　杨继红　于滟　祝箐

序

▼
▼

　　管理会计师对于企业的财务健康至关重要，他们不仅是价值的守护者，更是价值的创造者。随着可持续发展日益受到重视，企业从关注利润增长转向关注多个利益相关者利益的提升，管理会计师在维护和提升企业声誉方面承担着重任。与此同时，在数字化时代，企业在战略规划、创新和风险管理等领域也对管理会计提出了更高的要求。提升管理会计师的能力素质已成为企业发展的重中之重。

　　《IMA 管理会计能力素质框架》是 IMA 管理会计师协会基于市场和行业趋势变化，经过深入研究和全面分析管理会计行业所面临的挑战，围绕管理会计师所必备的能力素质提出的指导性实用体系，不仅有助于个人提升职业竞争力，还能帮助组织全面评估、培养和管理财会人员队伍。IMA 此次与人民邮电出版社合作，正是基于这一框架开发了管理会计能力提升与企业高质量发展系列图书，书中结合中国本土实践，对数字化时代下管理会计师所需的知识与技能进行了详细讲解。各类企业，不论是国有企业、私营企业还是跨国企业，其管理者和财会人员都能从本系列图书中直接获益。

　　本系列图书的作者既包括国内深耕管理会计多年的高校财会专业教授，又包括实战经验丰富的企业财务负责人与机构精英。同时，IMA 还诚邀多位知名企业财务高管担任实务界编委，为图书策划和写作提供真知灼见。在此，我谨代表 IMA 管理会计师协会，向本系列图书的作者、实务界编委、人民邮电出版社以及 IMA 项目团队的成员表示感谢！我们希望通过本系列图书的出版及相关宣传活动，大力推动中国本土管理会计实践的发展，助力企业和中国经济高质量发展！

IMA 管理会计师协会总裁兼首席执行官

杰弗里·汤姆森

2022 年 3 月 28 日

在学习和实践中提升管理会计能力

中国管理会计理论和实践自 2014 年以来进入快速发展轨道，各种管理会计工具与方法在微观层面（企事业单位）的应用正在日益加速、拓宽和深入，在企业转型升级、全社会高质量发展进程中发挥着重要作用。

当今社会信息技术迅猛发展，会计职业在互联网、大数据、人工智能等新技术业态的推动和加持下，在信息采集、核算循环、数据存储、整合表达等方面持续发生变革，为管理会计在企业广泛运用和助力企业价值增长，奠定了更坚实的算力基础，提供了更有效的管理和决策支持。

随着《财政部关于全面推进管理会计体系建设的指导意见》以及《管理会计应用指引》等一系列规范指南的陆续出台，管理会计人才培养体系的建设和管理会计的应用推广得到了各界高度重视。从目前中国管理会计发展情况看，管理会计师作为会计领域的中高端人才，在企事业单位仍存在着巨大缺口，庞大的财务和会计人员队伍，面临着关键职能转型压力——从核算型会计转向管理型会计。

IMA 管理会计师协会 2016 年发布的《IMA 管理会计能力素质框架》，在管理会计领域广受认可、获得好评，被视为权威、科学、完整的技能评估、职业发展和人才管理标准，它为中国及其他国家管理会计能力培养体系的构建提供了重要参考。该框架文件在 2019 年进行了更新升级。

为加快促进中国管理会计体系建设，加强管理会计国际交流与合作，实现取长补短、融会贯通，IMA 与人民邮电出版社共同策划、启动了管理会计能力提升与企业高质量发展系列图书项目。该系列图书设计以《IMA管理会计能力素质框架》为基础，结合中国管理会计实际发展需求，以管理会计队伍能力提升为目标，以企业管理需求为导向，同时兼顾会计专业教育和研究。

该系列图书分为两期建设。第一期八本，图书内容涵盖管理会计从业人员工作中需要的各项能力，力求理论与实务兼备，既包含实务工作中常见问题的解决方法，也包含经典的理论知识阐述，可帮助管理会计从业人员学习和完善自身各项能力，也能为积极进行转型的财务人员提供科学的路径。

该系列图书在作者配置方面，体现了学术界和实务界的合作，他们均在管理会计领域深耕多年，既有理论深厚、指导体系完备的高校资深导师，又有紧贴一线前沿、实战经验丰富的企事业单位负责人，这些专家合力打造了体系完整、贴近实务的管理会计能力提升新形态知识图书，以期推动企业管理会计人才建设与培养，促进企业提质增效。

作为新形态管理会计专业读物，该系列图书具备以下三大特点。

第一，理论与实务兼备。该系列图书将经典的管理会计理论与企业财务管理、经营发展相结合，内容均是从实践中来再回归到实践中去，力求使读者通过阅读该系列图书对自身工作有所得、有所悟，从而提升自身工作实践水平。

第二，体系完备。该系列图书均提炼自《IMA 管理会计能力素质框架》，每本图书的内容都对应着专项管理会计必备能力，读者可以体系化地学习管理会计各项知识、培养各项能力，科学地实现自我提升。

第三，形态新颖。该系列图书中大部分内容都配有微视频课程，这些课程均由作者精心制作，可让读者有立体化的阅读体验，更好地理解图书中的重难点内容。

天下之事，虑之贵详，行之贵力。管理会计具有极强的管理实践性，既要求广大财务从业人士学习掌握理论知识，又要积极转变传统财务思维，将理论运用于实践，进一步推动财务与业务融合，更好地助力企业高质量、可持续发展。该系列图书不仅是一系列优质、有影响力的内容创作与传播，更是为财务行业发展及人才培养提供了智力支持和战略助力。我们希望与广大读者共同努力，系统、全面地构建符合中国本土特色的管理会计知识体系，大力促进中国管理会计行业发展，为企业高质量发展和中国经济转型做出积极贡献。

北京大学光华管理学院教授 王立彦

IMA 管理会计师协会副总裁、中国区首席代表 李刚

2022 年春于北京

　　科学技术的不断发展使社会生产力也得到了空前发展。新技术的普遍运用，使企业经营所面临的不确定性因素愈加庞杂，风险管理因此在企业管理中扮演着越来越重要的角色。如何有效识别和应对各种风险，实现企业价值最大化，已经成为公司治理以及核心竞争力培育中非常重要的课题。

　　现代企业的管理水平、管理能力、运行效率和效益等，都离不开一个十分重要的因素——人才的建设和培养，管理者的风险管理理念、思维、技术和方法以及他们所拥有的专业理论知识和丰富的实践经验在企业风险管理中发挥着至关重要的作用。本书基于管理者应具备的风险管理理论和实务知识，参考了国内外大量同类教材和著作的内容，重点阐述了风险管理的基本原理、基本观念、基本方法及实践应用，旨在能够把握时代主题、荟萃经典、突出重点，并能够关注风险管理领域出现的新思维、新技术、新模式等，力争做到紧跟时代、贴合实际。通过阅读本书，读者不仅可以了解企业风险管理的基本理念和方法，还可以获得从事和拓展实务工作的启示。

　　本书分两篇共8章进行论述。第一篇为风险管理理论篇，包括第1章至第4章。第1章"风险管理：与风险共存"，在界定风险含义及特征的基础上，结合案例分析企业如何积极应对风险、化危为机；通过分析从《内部控制——整合框架》到《企业风险管理——整合框架》，再到《企业风险管理——整合战略和绩效》的演变，讲述了风险管理框架的要素与原则。第2章"风险管理的常用方法"，从风险识别入手，根据企业的风险偏好设定企业的风险管理目标，采用定性和定量的分析方法，制定战略和战术上的风险应对措施。第3章"数字化时代的风险管理趋势"，通过介绍和分析影响风险管理的前沿技术，理解信息技术对风险管理的影响。第4章"战略风险管理：攸关企业可持续发展"，通过构建战略执行的监督机制、战略执行的闭环反馈，并基于环境变化，进行及时的战略调整，以防范战略变更风险。第二篇为风险管理实战篇，包括第5章至第8章。第5章"投融资风险管理：企业生存发展的生命线"，主要基于上市公司财务报告信息披露，从政府层面、企业层面阐述如何打造诚信资本市场，并分析企业如何管控和规避投融资风险。第6章"运营风险管理：保障企业价值链安全"，基于价值链视角对采购、生产、销售环节风险管理的要点、流程、模式等进行分析和阐述。第7章"国际化风险管理：为企业'走出去'保驾护航"，以"双循环"新发展格局为背景，对跨境投融资风险、跨国企业经营风险进行了分析和阐述。第8章"企业风险管理体系：全面、系统、可量化、可追溯"，从营造全面风险管理的内外部环境到系统化运行风险管理体系，重视企业风险管理数据池的建设，完善风险管理的反馈与监督。

本书的特色

1. 结构设计较为合理。本书以现代公司制企业为主体，以我国经济环境和信息技术为背景，以 ERM 2017 为依据，以企业价值为核心，系统地阐述了风险管理的主要内容。从篇章设计到内容安排，都合理有序、逻辑严谨。

2. 理论与实践相结合。本书作为管理会计能力提升与企业高质量发展系列图书之一，注重管理会计实务工作的需求。书中结合《IMA 管理会计素质框架》进行编写，在各章章首基本都设置了情境导入案例、在各章章后基本都设置了案例分析，这种运用理论解决实际问题的讲解方式，有助于增强读者的实战能力。

3. 传承与创新相结合。本书在继承和保留已有风险管理理论、观点和内容的基础上，融入了编著者在新经济形势和新发展理念下对企业风险管理的新见解、新认识，避免了与管理会计能力提升与企业高质量发展系列其他图书内容的重复。

4. 通俗性与实用性。本书为了能够帮助培养应用性专业技术人才，语言通俗易懂，不仅可以满足广大实务工作者和关注风险管理知识的读者的需要，也可以作为风险管理相关领域高校教师和学生的课外参考用书。

本书由王满、沙秀娟、邓莹共同撰写。具体分工是：第 1 章至第 3 章由王满撰写，第 4 章至第 6 章由沙秀娟撰写，第 7 章和第 8 章由邓莹撰写。王满教授对全书进行了必要的修改、补充和统稿。

我们在编写本书过程中得到了许多理论界和实务界朋友的关注和帮助，感谢于浩洋博士对书稿大纲的设计和对初稿提出的宝贵建议，感谢 IMA 管理会计学术顾问委员会和人民邮电出版社对管理会计能力提升与企业高质量发展系列图书的精心策划和大力支持。

由于水平有限，书中难免有不当之处，恳请广大读者批评指正。

王满 沙秀娟 邓莹

目录

▼
▼

2　第 2 章

风险管理的常用方法

3　第 3 章

数字化时代的风险管理趋势

4 第 4 章
战略风险管理：攸关企业可持续发展

第二篇　风险管理实战篇

5 第 5 章
投融资风险管理：企业生存发展的生命线

6 第6章

运营风险管理：保障企业价值链安全

第一篇 >> 风险管理理论篇

1

风险管理：与风险共存

扫码即可观看
本章微视频课程

▶▶ **本章提要**

著名管理学大师彼得·德鲁克说："没有完美的战略决策，组织总是要付出些代价的，管理者必须平衡有冲突的观点和优先次序。最好的战略决策只是个愿望，关键是如何把握风险。"风险广泛地存在于市场经济当中，与企业的运行密切相关。

▶▶ **情境导入**

当今世界正处在"乌卡"时代，即处于一个变化莫测的时代。"乌卡"是"VUCA"的音译，是由 volatility、uncertainty、complexity、ambiguity 四个英语单词的首字母组合而成的，分别代表着易变不稳定、不确定、复杂和模糊的意思。

当今世界正处于百年未有之大变局中。在经济全球化、科技革命、互联网浪潮、经济危机等因素共同作用下，人类正处于一个易变性、不确定性、复杂性、模糊性的世界中。

面对这个变化莫测的时代，世界经济、我国经济将会给我国企业带来怎样的机会或威胁？新冠疫情过后，未来的人类社会是什么模样？企业该何去何从，如何做出正确的选择？面对复杂多样的问题，企业应从科学地认识风险开始。

无处不在的风险

如何定义风险

人类的祖先面对自然灾害时，就对风险有了一定的认识。那时的观念为"风险等同于不利事件，代表着不利事件所造成的损失"。即使在提倡科学管理的时代，这种观念仍然根深蒂固，如 COSO[①] 于 1992 年发布的《内部控制——整合框架》中就认为风险是可能会影响目标实现的负面因素。这种观点在 COSO 于 2013 年修订《内部控制——整合框架》时得到了延续。类似地，COSO 于 2004 年发布的《企业风险管理——整合框架》（ERM 2004）中虽然将风险与价值创造联系到了一起，但仍然较为片面地强调了风险所具有的负面性。在这种观念下，风险往往和损失画上了等号，但是二者之间是有明显区别的。一方面风险应该代表着正负两方面的可能性，而损失只代表一种坏的倾向；另一方面风险应该是一个事前概念，而损失是一个事后概念。基于二者的区别，相较于损失管理而言，风险管理也更应该具有积极性，更应该贯穿事件的全过程。

随着"风险越大、收益越大"观念的盛行，COSO 于 2017 年在《企业风险管理——整合战略和绩效》（ERM 2017）中对风险的定义进行了大幅度的调整。相较于 ERM 2004 对风险的定义只强调其负面性，ERM 2017 则强调了风险正面和负面的双重属性，即风险代表着风险事件发生并影响

---

① COSO：The Committee of Sponsoring Organizations of the Treadway Commission 的简称，指美国反虚假财务报告委员会下属的发起人委员会。

组织实现战略和商业目标的可能性。这种可能性既可以是积极的、有利的、正面的，也可以是消极的、不利的、负面的。

与之类似，ISO^① 31000《风险管理——原则与实施指南》中对风险的定义为：风险是不确定性对目标的影响。这种不确定性同样可以表述为两面，一面代表了机会，一面代表了威胁。

VUCA 时代必然会导致人们重新认识与定义风险，而只有采取全面的、多元的、积极的态度来认识风险才能够应对 VUCA 时代的新挑战。

VUCA 时代的风险特征

根据 ERM 2017 提出的风险在正面和负面的双重属性，风险表现出以下特征。

（1）客观性。尽管当今世界产生了众多号称精确预测未来的工具方法，但由于人的认知总是有限的，当预测越"准确"，就越发现未来的不可预测性。由此而导致的风险也总是客观存在的。风险与不确定相关联，是客观存在的，是不以管理者或企业的意志为转移的。由于风险是无时不在、无处不在的，所以企业不应采取消极的、规避的态度对待，只有采用积极的应对方法才是上策。

（2）不确定性。传统观念认为，风险就意味着损失，即由非故意、非计划、非预期事件所造成的经济价值的减少。在这种认识下，风险一定代表着负向作用，人们不会将一种额外的收益认为是风险的表现形式。但是随着现代管理观念的树立以及管理手段的发展，普遍认为风险具有不确定性。就此定义而言，风险具有中立性，即风险既可以给企业带来损失，也蕴藏着一定的发展机遇。预期之外的损失会给企业带来冲击，同样的道理，意外之喜同样也具有冲击效应。风险所具有的不确定性，使得风险管理在

---

① ISO：International Organization for Standardization 的简称，指国际标准化组织，是标准化领域中的一个国际性非政府组织。

企业管理行为中具有重要的意义。对于风险管理，企业既应该尽量避免意外损失的负面冲击或尽最大可能降低其负面影响，也应该尽力将可能的意外收益纳入管理体系。如果没有正确地规划意外收益，则很有可能造成机遇的流失或资源的浪费。

（3）普遍性。与客观性相适应，风险广泛地存在于企业的经营环境以及经营活动当中。特别是随着科技的进步与发展，企业所面临的风险也更为多元化、普遍化，科学技术的进步往往不会减少风险，而是会增加风险。一方面，科学技术本身有时就是一种风险，比如核技术进步带来的核污染风险、生物医学进步带来的基因突变风险、武器进步带来的战争风险等。另一方面，当人们利用更为先进的科学技术来认识世界时，会发现不可被观察、预测到的范围更大。更为重要的是，普遍存在的风险往往并不是"形单影只"的，而是"抱团"出现的。因此，企业在应对风险时只有遵从风险管理理论框架，构建风险管理实践体系才能够转危为机。

（4）动态性。风险的双重属性并不是一成不变的，而是与其所处条件密切相关的。风险定义本身就代表着一种动态属性。随着外部条件或企业表现的变化，风险既可能出现，也可能消失；既可能加大，也可能减小；既可能表现为负面的冲击，也可能表现为正面的收益。但是这一特征并不意味着对风险进行管理是无章可循的，与风险的动态性相适应，企业进行风险管理时也要是动态的。随着时间的推进或事件的演化，管理者需要不断地依据掌握的信息对风险进行重新评估，并制定出新的风险应对策略。例如在一个事件刚刚发生时，管理者可能采取比较保守的态度，采取更为严格的风险管控手段，但是随着事件的发展，越来越多的有利因素出现了，如第三方给予帮助、关键技术攻关顺利、获取了新的融资渠道等，此时管理者应该动态地重新评估风险，可以将预期损失调整为预期收益，也可以将严格的风险管控手段转换为寻找第二阶段的投资机会等。

< 案例分析 >

起死回生的诺基亚[①]

众所周知，十多年前，诺基亚在手机市场上处于优势地位，然而由于长期坚守塞班这一智能操作系统，诺基亚手机慢慢被苹果手机等其他手机超越，最终由于技术创新不足失去了更多客户，很多人甚至以为诺基亚已倒闭。

但是随着人们对 5G 技术的愈发关注，很多人才发现诺基亚竟然"不声不响"地成了仅次于华为的全球第二大电信设备制造商，完成了华丽转变。那么诺基亚是如何做到起死回生的呢？

这要归功于其重要的风险决策：出售手机业务，聚焦通信业务。

自 2008 年始，诺基亚的市场份额不断降低，经营业绩也在持续下滑，2012 年上半年，诺基亚营业亏损合计约为 14 亿欧元。在此情况下面对严峻的竞争环境，李思拓出任诺基亚董事长并开始了大刀阔斧的改革，其中最重要的战略改革便是出售手机业务，聚焦通信业务。在此之前，李思拓经历了一次艰难的风险决策。

首先，2013 年第一季度诺基亚的功能手机销售量达到 5580 万部，市场份额可观，低端手机的销售非常可喜，但是智能手机市场没有起色。

其次，诺基亚的通信业务板块处于亏损状态，而且行业竞争激烈，诺西通信（由诺基亚与西门子合资成立，全称为诺基亚西门子通信）产品单一，无论是质量还是价格跟华为和爱立信相比，毫无竞争优势，聚焦通信风险巨大。

最后，消费者群体对诺基亚由手机市场转向通信设备市场的态度具有高度的不确定性。

李思拓面临以下几种选择。

（1）探索其他系统的可能性。可以保持低端手机的市场，通过收购或

---

① 王维焕.巨星的陨落——诺基亚失败的财务与战略分析 [D].厦门：厦门大学，2013.

者研发，"等"来一个革命性产品重振机会。但是若等不到机会，仅靠低端手机维持经营无异于苟延残喘。

（2）拥抱安卓平台。这样可以快速解决塞班系统落后的局面，增强智能手机的竞争力。但是诺基亚会面临更换系统工程庞大、成本提高、盈利无期的困局。另外，诺基亚和谷歌存在着一定的竞争关系，选用安卓系统显然会受制于人。

（3）出售手机业务给微软，聚焦通信业务。这无异于壮士断腕，但可以迅速摆脱手机市场进退维谷的局面，到通信设备市场开创另一番天地。但风险同样是巨大的，华为和爱立信联手占领市场已久、积累深厚，诺基亚能否立足具有高度不确定性。

在对风险和收益进行了权衡后，在 2013 年 7 月 21 日，李思拓及其团队最终选择以 71.7 亿美元将诺基亚手机业务及相关知识产权许可出售给微软，并在接下来的两年里通过收回诺西通信的全部股份、收购阿尔卡特朗讯公司，这一重大战略决策让诺基亚成为全球为数不多的能够提供完整网络解决方案的通信设备公司，顺利完成转型。

常见的风险类型

对风险进行必要的分类，有利于在认清风险本质的基础上，提高风险管理的针对性。基于不同标准，风险可以被分为不同的类型。

1. 以风险的来源范围为标准

以风险的来源范围为标准，风险由大至小可以分为**宏观风险、行业风险以及企业风险**。

其中宏观风险通常包括政治、经济、社会以及技术方面的风险，对于此类风险，市场中绝大多数的企业会同时面对，并且企业通常只能采用被动防范的措施。如新冠疫情会对几乎所有的企业造成影响，某地突发地质灾害同样会对域内所有的企业造成影响。

行业风险是指特定行业因素给企业经营目标带来的不确定性影响。这类风险只作用于行业内的企业，并且不同行业在不同时间点上所面临的行业风险也会有所不同。如国家出台房地产管控政策时，房地产企业会直接感受到其所带来的不确定性；国家出台"双减政策"会给教培行业中的企业带来一定的冲击。

企业风险则是指企业自身经营管理行为所导致的以及蕴含于经营管理行为当中的风险。对于不同企业而言，这类风险有着较大的差异性，也是企业可以更为积极管理的一类风险。如企业因为违规经营会遭遇行政处罚的风险，企业因关键技术取得重大攻关突破会获得超额的收益。

2. 以风险是否可被分散为标准

以风险是否可被分散为标准，风险可以分为**系统性风险和非系统性风险**。

系统性风险是市场性质的，是无法被分散的，是市场中每一个主体均要面对的风险，如政策风险、经济波动风险、汇率风险、利率风险等。

非系统性风险是个别性的，是企业自身原因造成的风险，如经营不善、违反法律等。

此类标准通常被应用于分析资本市场。如发行国债、银行加息、汇率变动等会对资本市场中的参与者造成普遍性的影响，则这种风险具有系统性。与之相对应，如一家上市公司董事长被曝出丑闻或者其产品被曝出存在质量问题，则此种风险仅会对该企业造成影响，表现为非系统性风险。

3. 以风险与企业的管理行为的关系为标准

以风险与企业的管理行为的关系为标准，风险可以分为**战略风险、运营风险、财务风险、法律风险、创新风险**等。

企业在进行每一项管理行为时，都会面临一定的风险。具体而言，企业在进行战略管理时可能会面临环境分析失误而导致的战略决策风险；进行运营管理时可能会出现供应商管理不当导致的原材料质量不合格或采购不及时风险；进行财务管理时可能会面临现金流不充足导致的破产风险或是现金流过量导致的资金闲置风险；涉及法律诉讼时则必然会面临败诉的风险；进行技术创新时大部分企业都要面临失败的风险，当然也可能因为一项技术的攻关成功而给企业带来持久的收益。本书在风险管理专题篇中，将对上述每一种特定风险进行深入的分析。

此外，风险还可以按照重要等级分为**一般风险、中等风险、重点风险、特别风险**等，按照是否可以被量化分为可量化风险和不可量化风险等。需要说明的是，按照不同标准，各类风险间会存在交叉或包含关系，在对风险进行分类管控时，明确统一的标准是基本前提。

< 案例分析 >

积极应对风险，实现化危为机

2018 年初夏，国内一家食品企业因市场上的假冒产品导致产品销路受阻，甚至出现了退货现象。企业高层很快意识到，如果处理不好这起事件，则会引发一场重大危机，导致企业遭受重大损失。

企业面临两难的选择：如果向社会公布，向有关执法部门报告，可以减少消费者的损失，但可能会导致企业产品的下架；如果采取隐瞒、拖延的态度来推卸企业应承担的社会责任，一旦被公众知晓，将会对品牌造成严重负面影响。

在专业风控机构的建议和支持下，企业充分地调查了假冒产品的主要成分、危害程度、流通情况、伪造主体等情况。在掌握了足够多的信息后，企业果断做出对外公布真相、向有关执法部门报告、协助监管机构办案的决策。与此同时，企业还不惜重金，采取登门拜访、以真换假、详解真相等手段来安抚消费者。

企业最终平稳地度过了这次危机，在消费者群体中重塑了企业负责任的社会形象。这一典型的"抓住机会，创造价值；控制威胁，减少损失"的案例，充分地体现了风险的正面和负面的双重属性以及正负效应之间相互转化的不确定性特征。

风险管理框架及演变

从《内部控制——整合框架》到《企业风险管理——整合框架》

1985 年，反虚假财务报告委员会成立。这一委员会由美国注册会计师协会、美国会计协会、财务经理人协会、内部审计师协会、管理会计师协会联合成立，主要工作是探讨财务报告中为何产生舞弊以及相应的解决办法。

1987 年，反虚假财务报告委员会的赞助机构成立了 COSO，关注研究内部控制方面的问题。

1992 年，COSO 发布了著名的 COSO 报告——《内部控制——整合框架》，并于 1994 年对该报告进行了增补。这一框架自发布之日起就广受赞扬并被广泛应用，无论是理论界还是商界，都积极提出改进建议，其共同观点是《内部控制——整合框架》应当充分结合企业风险管理。

2001 年起，COSO 开始致力于企业风险管理方面的研究，并于 2004 年颁布了《企业风险管理——整合框架》（Enterprise Risk Management Framework，ERM 2004），以帮助企业和组织有效防范风险并提高风险管理水平。

相对于《内部控制——整合框架》，2004 年的《企业风险管理——整合框架》新增加了风险组合观、一个目标（战略目标）、两个概念（风险偏好和风险容忍度）和三个要素（目标制定、事项识别和风险反应），强调内部控制是企业风险管理必不可少的一部分，风险管理框架的范围比内部控制框架的范围更广泛，是对内部控制框架的扩展。

　　风险管理框架及演变时间轴如图 1-1 所示。

图 1-1　风险管理框架及演变时间轴

　　从国际视角来看，风险管理框架的发展以内部控制作为基础。尽管二者之间的区别与联系在理论上是一个值得深刻辨析的问题，但是在企业的实际管理活动中，二者均是企业应对风险、提高经营效率、实现企业目标的有力工具。企业应该尽量将二者进行有机的集合，利用共同的企业文化、战略目标来统领两项管理工作，同时又要高效、有序调配各项资源来完成信息收集、信息处理、报告编制、决策传递、信息反馈等基础性工作，使二者各司其职、各尽其事，从多个角度来构筑企业的全流程、全方位风险管理体系。

从《企业风险管理——整合框架》到《企业风险管理——整合战略和绩效》

　　自 2004 版《企业风险管理——整合框架》发布以来，实施该框架的企业面临以下问题：一是美国上市企业不得不全力以赴地应对《萨班斯－奥克斯利法案》的合规工作；二是企业风险管理的实施往往并不面向整个组织机构，并且很少被运用到战略制定中；三是 COSO 在编制框架时采用了类似于内部控制框架所使用的"立方体"结构，许多企业试图在过于细微的层面实施该框架；四是许多组织机构将企业风险管理作为保证活动来实施，而不是将其视为更佳的企业管理方式，如运用于流程层面而非战略制定层面，企业风险管理的实施活动也因此陷于细节的泥潭，令许多高管很快失去兴趣；五是 2008 年金融危机所引发的经济大萧条，令许多企业进入危机应对模式，企业风险管理的实施也因此受到影响。因此，企业风险管理框架在早些年并未被广泛接受和应用。

正是由于金融危机带来的惨痛教训，企业高管逐渐意识到有效风险管理的重要性，从而引起整个企业对有关风险事项的关注和重视。对风险管理框架做出更明晰阐释的呼声日渐高涨。自 2014 年起，COSO 启动了修订项目，对 2004 年的《企业风险管理——整合框架》进行修订，并于 2016 年发布了题为《企业风险管理——整合战略和绩效》的征求意见稿。征求意见稿重新定义了风险，放弃了原框架中的"立方体"结构，改为惯用的要素和原则结构，重点关注如何使企业风险管理在组织机构内行之有效。随着风险类型和复杂程度的不断演变，为了进一步满足风险管理实践的需求，COSO 对 ERM 2004 进行了更新升级，于 2017 年 9 月 6 日正式发布了风险管理的新版框架即《企业风险管理——整合战略和绩效》（Enterprise Risk Management–Integrating with Strategy and Performance, ERM 2017）。ERM 2004 与 ERM 2017 主要内容的比较如表 1-1 所示。

表 1-1　ERM 2004 与 ERM 2017 主要内容比较

比较维度	ERM 2004	ERM 2017
定义	风险管理过程	管理风险、创造价值的方式
框架	立方体	风险与战略、绩效流程图
要素	8 个要素	5 个要素
原则	无明确原则	20 个原则
目标	运营、报告、遵循和战略	企业绩效提升
实现路径	实现目标的过程	风险管理与战略制定和实施

风险管理框架要素

本书主要基于 ERM 2017 展开说明。该框架采用了"要素 + 原则"模式，其具体内容如表 1-2 所示。下面对该框架所包括的 5 个要素及其对应的原则进行简单的描述。

表 1-2　ERM 2017 风险管理框架的要素与原则

要素	原则				
治理与文化	1. 进行董事会风险监督	2. 建立运营框架	3. 定义期望的企业文化	4. 体现对核心价值的承诺	5. 吸引、培养与保留人才
战略和目标设定	6. 分析商业环境	7. 定义风险偏好	8. 评估替代战略	9. 建立商业目标	
绩效评价	10. 识别风险	11. 评估风险严重性	12. 对风险进行排序	13. 进行风险应对	14. 形成风险组合观
审查与修订	15. 评估重大变化	16. 审查风险和绩效	17. 企业风险管理改进		
信息、沟通与报告	18. 利用信息系统	19. 沟通风险信息	20. 对风险、文化和绩效进行报告		

1. 治理与文化是基础

公司治理水平与文化氛围是进行风险管理的基础要素。公司治理既是一种监管约束机制，也是一项风险管理的有效手段。企业文化体现了企业的价值观、理想信念，有助于促进企业内不同主体对风险管理等问题形成统一的认识。公司治理与企业文化形成了对风险管理的硬性和软性支撑。

（1）进行董事会风险监督：董事会肩负着公司战略管理职责，既是公司战略的制定者，也是管理层执行战略的监督者；既是企业中最为重要的治理因素，也是企业进行风险管理的核心主体。

（2）建立运营框架：公司战略和商业目标需要依靠运营体系来实现，同时运营框架也是绩效和风险的重要载体。

（3）定义期望的企业文化：在企业内部树立统一、协调的价值观和文化理念，形成对不同主体行为的文化软约束。

（4）体现对核心价值的承诺：企业以及企业中的个体要对依据企业文化或企业价值观的行为做出相应承诺。

（5）吸引、培养与保留人才：企业的人力资源管理要与企业的竞争战略、商业目标以及企业文化相一致。

2. 战略和目标设定是起点

战略规划以及商业目标设定是企业行为的出发点。在不同的环境下制定的不同战略或目标也决定了不同的风险偏好。

（1）分析商业环境：企业行为会受到所处商业环境的影响。在不同的商业环境中，企业需要制定不同的竞争战略，并以此来进行风险管理。

（2）定义风险偏好：企业需要在充分认清所处环境，保证能够持续创造价值的前提下，设定出适当的风险偏好程度。

（3）评估替代战略：企业需要评估在现行环境下可替换的战略以及其对风险评估等的潜在影响。

（4）建立商业目标：以竞争战略为引导，企业需要建立不同层次的商业目标，以此作为连接战略与行为的路径。

3. 绩效评价是核心

企业在推动具体业务时，需要对影响战略和商业目标实现的各种风险进行有效识别。无论是定量的，还是定性的，都需要对各种风险的重要程度进行必要的排序。在进行风险评估或风险应对的过程中，要采用一种组合观，而非各个击破。

（1）识别风险：承接企业的战略和商业目标，企业需要识别出会对其战略和商业目标实现产生影响的风险。

（2）评估风险严重性：无论是采用定量方法，还是采用定性方法，企业都需要对其所识别出的所有风险进行评估。

（3）对风险进行排序：在评估风险严重性的基础上，要对各项风险进行排序，并以此作为制定风险应对措施的根据。

（4）进行风险应对：针对不同的风险，采取不同的风险应对措施。

（5）形成风险组合观：不同风险间存在着紧密的联系，往往会形成牵一发而动全身的局面，因此在进行风险评估或风险应对时，要形成组合观，而非孤立地依次处理每一项风险。

4. 审查与修订是控制

依据企业的绩效表现来审视整个风险管理过程，并依据所发生的重大变化以及企业绩效与风险的匹配程度等进行必要的风险管理修订。

（1）评估重大变化：企业需要定期或非定期地评估其所处商业环境、制定的竞争战略或商业目标、形成的企业文化等是否发生了重大变化，以及其对风险管理等会产生的影响。

（2）审查风险和绩效：风险与绩效总是相伴而生的，体现为风险与绩效之间的平衡性。企业需要同步审查二者，找到二者间的不匹配性。

（3）企业风险管理改进：综合重大变化情况以及风险与绩效之间的不匹配因素，企业需要持续不断地对风险管理活动加以改进。

5. 信息、沟通与报告是完善

无论是实施风险管理流程还是进行风险管理改进，都需要通过传递内外部信息来实现相关主体间的有效沟通，而风险管理报告则是信息流动的重要载体。

（1）利用信息系统：企业进行风险管理离不开信息系统的支持，特别是与企业业务相关联的信息系统。

（2）沟通风险信息：依赖于信息系统，不同主体间应该能够高效地沟通信息，既包括能够及时获取所需信息，又包括能够高效传递必要信息。

（3）对风险、文化和绩效进行报告：报告是传递相关信息的重要载体，企业需要在信息系统内部建立一套涵盖不同层级、不同事项、不同风险类型的风险管理报告体系，并报告企业文化、风险管理以及企业绩效等内容。

< 案例分析 >

风险控制缺陷导致的失败 [①]

B 公司创始于 1992 年，是国家科技部认定的高新技术企业。B 公司最早从事保健品代理业务，随着公司规模的扩大开始生产并销售 B 口服液，而后逐渐将业务拓展到药品、化妆品生产和销售等领域。

B 公司有一套可以将其生产的产品迅速推向全国市场的销售网络。B 公司在全国各大城市注册了 600 个子公司，在县、乡、镇有 2000 个办事处，吸纳了 15 万销售人员。凭借着先进的销售模式，1994 年 B 公司销售额超过 1 亿元，到了 1996 年其销售额涨到了 80 亿元，企业资产从 1993 年年底 30 万元的注册资金跃至 1997 年年底的 48 亿元净资产。

1997 年 B 公司获美国优质服务科学协会授予的顶级荣誉"五星钻石奖"，其董事长被美国环球优秀文化与优质服务协会授予个人终身成就"环球钻石奖"。2003 年 9 月，中华中医药学会授予其董事长"中华中医药学会贡献奖"。2004 年 12 月，B 公司被评选为"影响中国营销进程的十大企业"。

1998 年 3 月，湖南常德一人因服用 B 口服液死亡，其子对 B 公司提起法律诉讼，全国媒体对此事件进行密集报道，至此 B 公司危机全面爆发，公司出现亏损，工厂停产。

1999 年，尽管 B 公司胜诉，但市场份额大幅减少。一年多的时间，B 公司子公司和办事处全部关闭。

---

① 汪苒，杨明. 试述 B 集团复活策略 [J]. 合作经济与科技，2012（455）.

2000年，B产品在市场上几乎销声匿迹，公司从此一蹶不振。

针对B公司的发展经历，其董事长前些年自述了十五大失误，如经营机制未能完全理顺、法纪监督力度不够等。

其董事长谈到的B公司失败的诸多原因，虽然部分涉及了公司内部控制内容，但从本质上看，B公司管理者自身没有全面的风险管理意识，公司也没有风险管理体系、没有系统的风险监督控制机制是导致公司失败的重要原因。正如前几年其董事长在一次风险管理相关会议上对笔者说的："当年要是能认识到企业风险管理的重要性，懂得企业风险控制，也不至于走到如此境地。"

2

风险管理的常用方法

▶ **本章提要**

有未来就有风险，而且在未来企业面临的风险不仅有曾经面临的风险，还可能会有新的风险，大多数企业由于面临的环境等要素不同，所面临的风险类型也不同。企业要进行风险管理，首先要做的事就是对企业所面临的风险进行识别。在风险识别的基础上，对企业所面临的风险进行评估，并采取持续有效的风险应对措施，促进企业持续健康地高质量发展。

▶ **情境导入**

A 公司是 1996 年成立于大连高新园区的公司，其主营业务是海鲜加工。近年来该公司始终秉承为顾客服务的理念，来制订市场发展战略，其市场份额急速扩张，其分支机构也很快遍布我国各个地区。A 公司的急速扩张和营业额高速增长，使得公司的实际管理人员无暇顾及其他，这带来了一系列这样或那样的问题，比如，没有人考虑诸如员工受伤的事件或可能损坏客户财产的行为带来的潜在后果、海鲜冷链运输时长延长会导致产品变质等。

基于此，A 公司管理人员发现，公司应该在风险发生前就制订好合理应对问题的策略，风险发生之后再考虑这些问题是无济于事的。例如，A 公司在海鲜运输的过程中，由于运输车上的冷冻设备毁坏，无法将海产品保鲜，而公司没有备用的冷冻设备、也未对该批海产品保险，导致公司损失惨重。A 公司管理人员如果不提高风险意识和强化风险应对策略，损失的将不仅仅是一个客户，更为严重的是其商业信用，这可能会对生产经营

产生重大的影响。诸如这类损失对 A 公司的业务造成了巨大的冲击，让 A
公司总损失远远超出管理人员所能想象的程度。

　　风险无处不在，任何一个企业在运营的过程中都会面临这样或那样的
风险。因此，如何对企业的风险进行识别、如何评估企业所面临的风险以
及如何应对风险就显得尤为重要。

风险识别：对企业做一个全面的检查

了解风险偏好与容忍度

风险识别，也称风险辨识，是在风险事故发生之前，感知各种风险事故，分析风险事故的原因，找到危险源，建立相应的风险数据库。风险识别是企业风险评估的第一个过程，是风险管理的基础和关键，为风险评估和风险应对提供依据。企业风险识别的前提是设立企业各个层面的风险管理目标，而目标设定是否科学、有效，取决于是否符合企业的风险偏好和风险承受度。

（一）风险偏好

1. 什么是风险偏好

风险偏好（risk appetite）是企业寻求或保留风险的意愿，包括风险的数量和种类。不同的企业管理者对待风险的态度存在着显著的个体差异。风险偏好作为行为主体对待风险的态度，存在着明显的个体差异。从广义上看，风险偏好是指企业在实现其目标过程中愿意接受的风险的数量。在企业经营中，风险偏好对决策有着至关重要的影响，企业高管的风险偏好往往与企业战略的制定直接相关，直接影响着企业高管的决策行为，从而对企业的投资决策行为产生影响。决策者只有准确并清楚地了解与认识自身的风险偏好，才能做出最好的决策，才能获得最大的投资回报。

2.风险偏好的分类

风险偏好因人而异。一部分人可能喜欢大得大失的刺激，另一部分人则可能更愿意求稳。根据行为主体在风险态度上的个体差异，可将风险偏好划分为风险厌恶型、风险爱好型以及风险中立型三种。

（1）风险厌恶型。

风险厌恶型投资者对待风险的态度是：在投资时愿意承担更低的风险，以获取对应的收益，即通常所说的低风险投资者。

（2）风险爱好型。

风险爱好型投资者对待风险的态度是：在投资时愿意承担更多的风险，以获取更高的收益，即通常所说的高风险高收益投资者。

（3）风险中立型。

风险中立型投资者通常既不回避风险，也不主动追求风险。他们选择资产的唯一标准是预期收益率的大小，而不管风险状况如何。

（二）风险容忍度

风险容忍度（risk tolerance）是指组织或利益相关者为实现目标在风险应对之后承受风险的意愿，即在企业目标实现过程中对差异的可接受程度，相对于实现某个特定目标而言可以接受的变化范围，是企业在风险偏好的基础上设定的对相关目标实现过程中所出现差异的可容忍限度，也叫风险承受度。在市场环境下，企业会面临各种风险。企业可以结合自身内外环境，根据本企业的经营环境、经营规范、资本结构等，找出所有会给企业带来威胁的风险，并从中确定几个主要的风险，再对这几个主要风险进行容忍度量化分析，确定可以接受的风险范围。例如，一家家具生产企业的目标市场份额是12%，同时企业还规定了对市场份额可以接受的范围为9%~15%。又如，一家企业要求产品的废品率为2%，但允许出现一定的偏差，最多允许4%的产品是废品。

在确定企业风险容忍度时，企业应该充分考虑企业的战略目标，并将其与企业的风险偏好联系起来。在考虑企业战略目标和企业风险偏好的基础上，在风险事件来临时采取不同的措施加以应对。风险容忍度较大，说明企业承受风险的能力较强，对在容忍度范围内的小风险可以采取常规应对措施。

（三）风险偏好与风险容忍度的关系

尽管风险偏好与风险容忍度有密切的联系，但是二者说明的是完全不同的问题。风险偏好说明的是人们在承担风险时获得效用的状况，获得正效用的是风险爱好者，正效用越大对风险越爱好；获得负效用的是风险厌恶者，负效用越大对风险越厌恶。风险容忍度说明的是风险承担者，尤其是作为风险厌恶者的投资者对风险的忍耐程度，它实际上描述的是投资者承担风险的意愿和能力，本身并不直接说明对风险爱好或厌恶的程度，因为决定投资者风险容忍度的因素除了主观的风险偏好因素（即投资者的风险厌恶程度）以外，还有一些决定投资者风险承担能力的客观因素，主要是资本金规模和管理风险的能力。因此，投资者的风险容忍度大，并不意味着该投资者爱好风险，相反，作为投资者，其风险偏好只能是风险厌恶型，从而要求投资具有风险溢价来补偿承担风险带来的负效用。

‹ 案例分析 ›

D 公司巨亏案例分析 [①]

1. 公司简介

D 公司成立于 1985 年，1986 年通过新某丰公司获得上市资格。同年 2 月，D 公司发行 2.7 亿股新股给 C 公司，使 C 公司持有 D 公司 64.7% 股权。至此，D 公司成为 C 公司子公司。

1996 年年底，D 公司已成为拥有多元化业务的综合企业。当时，在企

---

① 李若山，吴益兵. 企业如何管理衍生金融工具投资风险——基于 D 公司外汇合约巨亏港元案例分析 [J]. 审计与理财，2009（2）.

业总盈利中，19% 来自基础建设，5% 来自发电业务，27% 来自航空业务，17% 来自电信业务，10% 来自贸易分销及消费信用，16% 来自物业，只有1% 来自工业制造。2008 年某日，D 公司的股价暴跌 55%，这家颇具声誉的公司在两个交易日中市值蒸发了三分之二，成了在全球金融危机中受较大影响的企业。那么是什么因素造成了 D 公司的巨亏呢？

2.D 公司巨亏案件始末

D 公司在澳大利亚投资 42 亿美元，建立一个名为 SINO－IRO 的西澳大利亚（以下简称"西澳"）磁铁矿项目。该项目的很多支出和收入必须是以澳元来支付的。2008 年 D 公司为了对冲该磁铁矿项目开支面对的澳元走高风险，签订了杠杆式外汇买卖合约。2008 年 10 月 20 日，D 公司发布公告称，公司为降低西澳州磁铁矿项目面对的货币风险，签订若干杠杆式外汇买卖合约而引致亏损，实际已亏损 8.07 亿港元。至 2008 年 10 月 17 日，仍在生效的杠杆式外汇买卖合约按公平价定值的亏损为 147 亿港元，即因杠杆式外汇买卖合约导致的亏损总额高达 155.07 亿港元。虽然 2009 年 D 公司察觉到该杠杆式外汇买卖合约存在的潜在风险，马上终止了一部分外汇合约，但还是给企业带来了一定的亏损。

3.D 公司巨亏案件原因分析

（1）D 公司对远期合约风险评估不足。

D 公司签订的杠杆式外汇买卖合约是一个高风险金融交易，其本质是交易者只需支付一定的保证金，就可以操作数十倍的交易额度，外汇价格的波动会因杠杆的作用而放大。D 公司对该杠杆式外汇买卖合约的风险意识不足，风险评估有限。尤其是在金融危机的冲击下，该类杠杆式外汇买卖合约的经营杠杆作用被放大了，可想而知企业面临的风险也是巨大的。

（2）D 公司签下的合约套期保值作用相对有限。

D 公司所签下的杠杆式外汇买卖合约的内容是当企业达到最高利润时，外汇买卖合约就会自动终止。当澳元大幅升值时，过低的合约终止价格使得 D 公司声称的"套期保值"作用相当有限。当澳元大幅贬值时，D 公司必须以高汇率接盘。D 公司管理层对澳元汇率过于乐观的判断，致使其在全球金融危机下付出了惨痛的代价。

设定企业的风险管理目标

企业风险管理的一个基本前提是每一个主体，不管是营利性的、非营利性的，还是政府机构，存在的目的都是为它的利益相关者提供价值。企业管理当局在制定战略和目标时，追求增长和报酬目的以及相关的风险之间的最优平衡，并且为了实现主体的目标而高效率和有效地配置资源，以使价值最大化。每个企业都会面临来自企业内部和外部的风险，这些风险是对企业实现某些目标有不利影响的事件发生的可能性。企业风险管理能够帮助管理当局实现主体的业绩和盈利目标，并防止资源损失。例如，企业风险管理有助于确保有效的报告，有助于确保主体符合法律和法规，有助于避免对主体声誉的损害以及由此带来的后果等。由此可见，设定企业的风险管理目标是风险分析和风险应对的前提。

ERM 2004 将企业风险管理的目标分为合规目标、战略目标、运营目标和报告目标。

（一）合规目标的设定

2017 年《合规管理体系指南》（GB/T 35770—2017）、2018 年《中央企业合规管理指引（试行）》的颁布实施，以及政府部门相继出台的行业性合规管理规定，对我国企业如何进一步加强合规管理，提供了基本遵循，指明了方向。

合规目标是企业内部控制应合理保证企业在国家法律和法规允许的范围内开展经营活动，严禁违法经营。企业的终极目标是获利，但是如果企业盲目追求利润，无视国家法律法规，则必将为其违法行为付出巨大的代价。企业风险管理者必须密切关注与企业相关的各种法律法规，对企业每一项经营行为、每一份合同都加以合法性审视，这样才能保证企业生产经营活动的合法性。因此，合法合规是企业生存和发展的客观前提，是企业风险管理的基础性目标。

风险管理作为存在于企业内部的一种管理制度，企业可以将法律法规的内在要求嵌入内部风险管理流程和经营业务活动之中，从最基本的业务活动入手将违法违规的风险降低到最低程度。企业在制定合规目标时，不仅要考虑企业外部的法律、法规和规章制度等，还要考虑企业的风险容忍度。

（二）战略目标的设定

战略目标是管理者为实现企业价值化的根本目标而针对环境做出的一种反应和选择。战略目标是企业风险管理的终级目标。企业战略目标与企业的使命和愿景相协调，并支持企业的使命和愿景，是企业使命与愿景的具体化。

企业在制定战略目标时，应从以下几方面入手。首先，应由企业董事会或总经理办公室会议制定总体战略目标，并由股东代表大会表决通过，战略目标的制定要充分考虑外部环境和内部条件的变化，根据相应的变化进行适时的调整，确保战略目标相关风险在风险容忍度之内。其次，应将战略目标按阶段和内容分为具体的经营目标，确保各项经营活动围绕战略目标展开。再次，应依据既定的目标实施资源分配，使组织、人员、流程与基础结构相协调，以便促成成功的战略实施。最后，应将目标作为主体从事活动的可计量的基准，围绕目标的实现程度和实现水平实行绩效考核。

（三）运营目标的设定

企业运营目标与企业经营的效率和效果有关，包括业绩、盈利目标和保护资源不受损失。如果说促进企业实现战略目标是从长远利益出发的内部控制目标，那么提高经营的效率和效果则是从短期利益角度定位的风险管理目标。战略目标是总括性的长远目标，而运营目标则是战略目标的短期化与具体化。企业风险管理要促进企业实现战略目标，必须立足于运营目标，着力于经营效率与效果的提升。只有这样，才能提高企业核心竞争力，促进战略目标的实现。

提升经营的效率和效果（即有效性）是企业风险管理要达到的最直接的也是最根本的目标。企业存在的根本目的在于获利，而企业能否获利往往直接取决于经营的效率和效果。企业所有的管理理念、制度和方法都应该围绕着提升经营的效率和效果来设计、运行并进行适时的调整，内部控制制度也不例外。企业风险管理是科学化的管理方法和业务流程，其本质是针对风险的管理和控制，将对风险的防范落实到每个细节和环境当中，真正做到防微杜渐，使企业可以在低风险的环境中稳健经营。

企业在设定运营目标时，要充分考虑以下四个因素：一是企业的运营目标要反映管理层在主体架构、行业因素及业绩等方面的选择；二是考虑企业运营风险容忍度；三是企业的运营目标应反映企业主体所期望达到的运营和财务绩效水平；四是企业运营目标应是企业资源配置的基础。

（四）报告目标的设定

报告目标是指企业风险管理要合理保证企业提供真实可靠的财务信息及其他信息。财务报告及相关信息反映了企业的经营业绩，以及企业的价值增值过程，揭示了企业的过去和现状，并可预测企业的未来发展，是投资者进行投资决策、债权人进行信贷决策、管理者进行管理决策、相关经济主管部门制定政策和履行监管职责的重要依据。此外，财务报告与相关信息的真实披露可以将企业诚信、负责的形象公之于众，有利于稳固市场地位与提升企业价值。从这个角度来看，报告目标的实现程度会在一定程度上影响运营目标的实现程度。

企业为确保财务报告及相关信息的真实完整，一方面应按照企业会计准则的相关要求如实地核算经济业务、编制财务报告、满足会计信息的质量要求；另一方面则应通过企业风险管理等方法来防止提供虚假的会计信息。

企业在设定报告目标时，要充分考虑以下两个因素：一是应符合适用的会计准则、外部标准和框架以及管理层的信息需要；二是应考虑精确度水平、准确性要求以及重要性水平，并反映企业主体的活动。

掌握风险识别的常用方法

风险识别实际上就是通过一些收集和分析信息的方法和技术，收集风险因素、风险事故和损失暴露等方面的信息，发现导致潜在损失的因素。风险识别的目的是全面地了解企业在生产与经营过程中所面临的各类风险状况、影响程度和结构性质，以根据风险特点，采取科学的管理措施来降低或回避风险。例如，一家私立中学，为解决学生午饭问题，正在考虑将学生的午饭承包给学校附近的饭店。该学校的管理层在做出这一决策时，不仅要考虑采用这种外包安排可能会存在的食品质量问题以及食物卫生等方面的风险，在识别风险因素的基础上，还需要采用风险清单法、财务报表分析法、流程图分析法、事故树分析法等风险识别方法进行进一步分析。

（一）风险清单法

1. 什么是风险清单法

风险清单是指一些由专业人员设计好的标准的表格，其非常全面地列出了一个企业可能面临的风险。风险清单逐一列出了客户所面临的风险，并将这些风险与客户的经营活动联系起来进行考察。通常风险清单都很长，因为风险清单试图囊括企业可能面临的全部风险。风险清单使用者对风险清单上的每一项目都要思索："我们企业会面临这样的风险吗？"在回答这些问题的过程中，风险管理者逐渐构建出所在企业的风险框架。

风险清单法是对潜在风险进行分析时常用的和普遍的一种方法。比较常见的风险清单有风险保单检视表和资产——暴露分析表。本章以风险保单检视表为例进行讲解，如表 2-1 所示。

表 2-1　风险保单检视表（节选）①

A. 财产损失风险

　　1. 有需要财产损毁的基本防护但未执行的情况吗？

　　　（1）自有建筑物和财务的直接损毁。

　　　（2）由财产损毁导致的间接损失。

　　　（3）他人财产直接损毁。

　　　（4）运输中财产的直接损毁。

　　2. 被保险的风险保证足够吗？

　　自有建筑物和财务

　　　（1）如果没有保单附有共保条款，保额少于共保条款的要求吗？

　　　（2）任何一项财产的所有保额少于其可保价值吗？

　　　（3）财务价值波动剧烈吗？

　　　（4）其他地点的财务有未投保的情形吗？

　　　（5）有违反保单条款和保证的情形吗？

　　　（6）基本的火灾保险范围扩大到包含其他危险事故吗？

　　　（7）重置成本保险有必要吗？

　　　（8）商业财产保障合适吗？

　　　（9）附加任何其他批单可改变保障的情形吗？

　　间接损失（略）

　　他人财产（略）

　　运输中财产（略）

　　3. 财产保单的签订有不恰当的情形吗？（略）

B. 犯罪风险（略）

············

---

2. 风险清单法的优缺点

　　风险清单法的优点：风险清单法经济方便，适合新公司、初次构建风险管理制度的公司或缺乏专业风险管理人员的公司。风险清单法可以帮助企业系统地识别出最基本的风险，并降低忽略重要风险源的可能性。

---

① 《风险管理》编写组 . 风险管理 [M]. 成都：西南财经大学出版社，1994.

风险清单法的缺点： ①由于这些风险清单都是标准化的，适合所有企业，由此针对性就差，一个特殊企业面临的特殊风险就可能没有列示。②这些风险清单都是在传统风险管理阶段设计出来的，传统的风险管理只考虑纯粹风险，不涉及投机风险，所以风险清单中也没有关于投机风险的项目。

风险经理在使用风险清单法时，要认识到这些局限性，使用一些辅助手段来配合，弥补风险清单法的不足。

（二）财务报表分析法

1.什么是财务报表分析法

财务报表分析法（financial statement analysis method）最早是由克里德尔于 1962 年提出的，是对企业资产负债表、利润表、现金流量表、所有者权益变动表和其他附表等所提供的财务信息进行分析以识别企业可能存在的风险事项的一种方法。财务报表分析的目的在于，判断企业的财务状况和发现企业经营管理的得失。例如，企业通过对过去和现在的财务报表进行分析，可以了解到企业的负债规模和构成是否合理、获利能力是否强劲、经营方式是否科学、成长空间是否有限等信息，通过对这些信息进行综合分析，提前发现风险和识别风险种类，找出企业经营管理的问题，提出解决问题的办法，提前布局防范各类风险的发生或扩大。

财务报表分析的方法主要有**趋势分析法、比率分析法和因素分析法**等。

（1）趋势分析法。

趋势分析法是指通过对一家企业连续几期的利润表、资产负债表、现金流量表等财务报表的各个项目进行比较，求出各个项目前后期的增减方向和幅度，从而揭示企业在财务和经营上的变化趋势和方向。例如，A 公司 2020 年的资产负债率为 50%，将该指标同 2019 年和 2018 年的资产负债率进行对比，可以清楚地揭示出 A 公司长期偿债能力的变化趋势，并能够进一步分析 A 公司是否存在财务风险。

（2）比率分析法。

比率分析法是将同一期财务报表上若干重要项目的相关数据相互比较，

求出比率，用以分析和评价企业的经营活动以及企业目前和历史状况的一种方法，是财务分析的最基本工具。企业可以通过财务报表的有关指标比率的计算，分析企业财务状况和经营成果，了解企业发展前景。例如，资金利润率的高低反映资本投资的综合效果，如果其值很小乃至为负数，则企业的经营风险增大。存货周转率要适中，存货过多会浪费资金，存货过少则不能满足流转需求。

（3）因素分析法。

因素分析法是依据分析指标预期影响因素的关系，从数量上确定各因素对分析指标的影响方向和影响程度的一种方法。因素分析法既可以全面分析各个因素对某一经济指标的影响，又可以单独分析某个因素对经济指标的影响。它在财务报表分析法中是比较常用的一种方法，是能把整体分解为若干个局部的分析方法。例如资产利润率，可以看作资产周转率和销售利润率的乘积，可以用资产周转率的标准值（历史的、同业企业的或预算的标准）代替实际值，来测量资产周转率对企业资产利润率的影响。

2. 财务报表分析法的优缺点

财务报表分析法的优点：①任何企业的经营活动最终涉及的不是现金就是财产，对这些项目进行研究会非常可靠和客观；②财务报表分析法能综合反映风险主体的风险状况，因为风险主体的许多风险都能通过财务报表真实、可靠地反映出来；③财务报表分析法的分析对象是企业的财务报表，企业很容易获取，不像现场调查法或流程图分析法那样要花费大量的时间实地收集资料或绘制特殊图标等。

财务报表分析法的缺点：①专业性较强，缺乏财务相关知识就无法识别风险；②不能反映以非货币形式存在的问题，如企业员工的技能、企业文化等。

< 案例分析 >

E 公司的财务风险分析[①]

E 公司创立于 1995 年，2002 年 7 月 31 日在香港主板发行上市，总部位于广东深圳，是一家高新技术民营企业，同时拥有 IT、汽车及新能源三大产业群。E 公司在广东、北京、陕西、上海、天津等地共建有九大生产基地，总面积近 700 万平方米。

2018 年，E 公司全年营业收入 1300.54 亿元，净利润 35.56 亿元，缴纳企业所得税 8.29 亿元。比较分析 2016—2018 年财务报表可以识别企业是否存在融资风险和偿债风险等信息，并对相关风险进行分析，采取合适的风险应对措施对不同风险进行防范。

1. 融资风险

（1）产权比率逐年递增。

E 公司 2016—2018 年产权比率[②]分别为：1.62、1.97 和 2.21。从 3 年的产权比率可以看出 E 公司的产权比率是逐年递增的。产权比率越高，说明企业面临的负债总额越大，债务融资的风险越高。投资者对 E 公司再投资时，会将产权比率的这一显著变化考虑在内，这无疑增加了 E 公司融资的风险，增加了 E 公司融资的难度。

（2）融资结构不合理。

通过对比 2016—2018 年 E 公司的财务报告可以发现，E 公司的融资方式主要有 3 种，即借款、股票和债券。2016—2018 年 E 公司 3 种融资方式的比例如表 2-2 所示。

---

① 梁振萍，孙红霞，田雨晴 .E 公司股份有限公司财务风险研究 [J]. 河北企业，2020（4）.
② 产权比率是负债总额与所有者权益总额的比率。合理的产权比率是 1.5，该比率越高，代表负债融资的比例越大。

表 2-2　2016—2018 年 E 公司 3 种融资方式的比例

年份	借款	股票	债券
2016	48.51%	44.19%	7.30%
2017	57.08%	36.84%	6.08%
2018	60.71%	31.19%	8.10%

通过表 2-2 可以发现：E 公司 2016 年借款占 48.51%，2017 年借款占 57.08%，2018 年借款占 60.71%；2016—2018 年，在 3 种融资方式中借款的比例最大，且呈现出逐年上升的趋势，股票的比例居于中间，债券的比例最小，2016 年是 7.30%，2017 年是 6.08%，2018 年是 8.10%。众所周知，借款和债券这两种融资方式，不仅要考虑本金的支付还要考虑利息，E 公司的融资结构会增加企业还本付息的压力，加大了企业融资风险。

2. 偿债风险

（1）短期偿债能力较弱。

借助 E 公司 2016—2018 年的财务报表，从流动比率、现金比率和速动比率 3 个方面分析 E 公司的短期偿债能力，2016—2018 年 E 公司短期偿债能力分析如表 2-3 所示。

表 2-3　2016—2018 年 E 公司短期偿债能力分析

年份	流动比率	现金比率	速动比率
2016	1.00	9.82%	0.78
2017	0.98	9.43%	0.79
2018	0.99	11.19%	0.76

通过表 2-3 可以发现：2016—2018 年，E 公司的流动比率分别为 1.00、0.98、0.99，流动比率的合理理论值是 2.0，E 公司 3 年中最高的流动比率是 2016 年的 1.00，与理论值（2.0）相差较多；E 公司 2016—2018 年的现

金比率分别是 9.82%、9.43%、11.19%，现金比率的理论值是 20%，E 公司 3 年中最高的现金比率是 11.19%，远低于理论值；E 公司 2016—2018 年的速动比率分别为 0.78、0.79、0.76，E 公司 3 年间的最高速动比率也低于理论值（1.00）。E 公司 3 年的短期偿债能力分析，说明该企业的短期偿债能力较弱，仍需防范短期偿债风险。

（2）长期偿债能力不强。

E 公司的长期偿债能力主要体现在股东权益比率和资产负债率两个指标上。2016—2018 年 E 公司长期偿债能力分析如表 2-4 所示。

表 2-4　2016—2018 年 E 公司长期偿债能力分析

年份	股东权益比率	资产负债率
2016	38.19%	61.81%
2017	33.67%	66.33%
2018	31.19%	68.81%

从表 2-4 可以发现：E 公司 2016—2018 年的股东权益比率分别是 38.19%、33.67%、31.19%，3 年内股东权益比率变化幅度不大，且与理论值（60%）相差较多；2016—2018 年资产负债率分别是 61.81%、66.33%、68.81%，都大于理论值（60%）；总体来看，股东权益比率呈降低趋势，资产负债率呈上升趋势，E 公司的长期偿债能力不强。

近年来，E 公司在融资风险和偿债能力风险等方面进行了很好的优化与规避，且坚持"技术为王，创新为本"的发展理念，凭借研发实力和创新发展模式，获得了全面而高效的发展。

（三）流程图分析法

1. 什么是流程图分析法

流程图分析法（flow-chart method）是根据企业的生产过程或管理流程来识别风险的方法，即对流程的每一阶段、每一环节逐一进行调查分析，从中发现潜在风险，找出导致风险发生的因素，分析风险可能造成的损失以及对整个企业可能造成的不利影响。流程图是指使用一些标准符号代表某些类型的动作，直观地描述一个工作过程的具体步骤的一种分析工具。

流程图分析法是揭示和掌握封闭系统运动状况的有效方式。作为诊断工具，流程图能够辅助决策制定，让管理者清楚地知道，问题可能出在什么地方，从而确定可供选择的行动方案。

2. 流程图分析法的优缺点

流程图分析法将一项特定的生产或经营活动按步骤或阶段顺序以若干个模块形式组成一个流程图系列，在每个模块中都标示出各种潜在的风险因素或风险事件，从而给决策者一个清晰的总体印象。在企业风险识别过程中，运用流程图分析法绘制企业的经营管理业务流程，可以将对企业各种活动有影响的关键点清晰地表现出来，结合企业中这些关键点的实际情况和相关历史资料，就能够明确企业的风险状况。

流程图分析法的主要优点：①可以将复杂的企业业务流程简单化，易于操作，且企业的规模越大，流程越复杂，流程图分析法就越能体现出优越性；②通过业务流程分析，可以更好地发现风险点，从而为防范风险提供支持。

流程图分析法的局限性：①该方法的使用效果过度依赖于专业人员的水平，且绘制流程图需要耗费大量时间；②该方法不能进行定量分析以判断风险发生的可能性的大小。

（四）事故树分析法

1. 什么是事故树分析法

事故树分析法（fault tree analysis）又称故障树法和风险树分析法，是由美国贝尔电话实验室的维森于1962年首先提出的，它是指从某一风险的结果出发到原因逻辑分析事故发生的有向过程，遵循逻辑学的演绎分析原则，即仿照树型结构，将多种风险画成树状，进行多种可能性分析。若能在此基础上对每种可能性给出概率，则为概率树法，它可以帮助分析人员更准确地判断每种风险发生的概率，进而计算出风险的总概率。

事故树分析法的实质是利用逻辑思维的规律和形式，从宏观的角度去分析事故的发生过程。它的理论基础是，任何一起事故的发生，必定是一系列事件按时间顺序相继出现的结果，前一事件的出现是随后事件发生的条件，在发展过程中，每一事件有两种可能的状态，即成功和失败。事故树是一种树状图，由节点和连线组成，节点表示某一具体环节，连线表示某些环节之间的关系，这些都与流程图分析法相似，但不同的是流程图分析法关注的是风险的结果，而事故树分析法关注的是事故的原因。

2. 事故树分析法的优缺点

事故树分析法的优点：①事故树简单、形象，逻辑性强，应用广泛；②既可以进行定量分析，也可以进行定性分析，既可以求出事故发生的概率，也可以识别系统的风险因素；③使用该方法可以找出事故发生的原因，能够找出消除事故的根本措施。

事故树分析法的缺点：使用这种方法需要大量的资料和时间，所以一般只有在风险很大或隐患很深的系统中才使用这种方法。

风险分析：常用方法的解读

常用的定性分析方法

企业可以采用定性分析方法，按照风险发生的可能性及其影响程度等，对识别的风险进行分析和排序，确定关注重点和优先控制的风险。企业进行风险分析时，应当充分吸收专业人员，组成风险团队，按照严格规范的程序开展工作，确保风险分析结果的准确性。定性分析方法是评估已识别风险的影响程度和可能性的方法。采用该种方法时，分析者可以通过观察、调查与分析，并借助自身经验、专业标准和判断等对审计风险进行定性评估，该方法具有便捷、有效的优点，适合评估各种审计风险。定性分析方法是目前风险分析中采用比较多的方法，它具有很强的主观性，往往需要凭借分析者的经验和直觉，或者国际标准和惯例，对风险因素的大小或影响的高低程度进行定性描述。定性分析的操作方法多种多样，有专家调查法、风险矩阵法等。

（一）专家调查法

专家调查法（expert investigation method），也称专家咨询法、专家意见法、经验分析法，是以专家作为索取信息的对象，依靠专家的知识和经验，由专家通过调查研究对问题做出判断、评估和预测的一种方法。它是基于专家的知识、经验和直觉，发现企业潜在风险的分析方法。它适用于风险分析的全过程。企业采用专家调查法进行风险分析时，应确保专家有合理的规模，且专家的人数取决于企业风险的特点、规模、复杂程度和性质，没有绝对规定。一般情况下，专家人数在 10~20 位。专家调查法分为德尔菲法和头脑风暴法。

1. 德尔菲法

德尔菲法由美国总咨询机构兰德公司于 1946 年首次应用。它主要借助于有关专家的知识、经验和判断来对企业的潜在风险加以分析。它特别适用于客观资料或数据缺乏情况下的长期预测，或其他方法难以进行的风险分析。

德尔菲法是在专家个人判断和专家会议方法的基础上发展起来的一种直观预测方法，是一种集中众人智慧进行科学预测的分析方法。它主要采用匿名发表意见的方式，即专家之间不得互相讨论，不发生横向联系，各位专家只能与调查人员发生联系，通过多轮次调查专家对问卷所提问题的看法，经过反复征询、归纳、修改，最后将各位专家基本一致的看法，作为预测的结果。这种方法具有广泛的代表性，较为可靠。

2. 头脑风暴法

在群体决策中，群体成员由于心理作用的相互影响，易屈于权威或大多数人意见，形成所谓的"群体思维"。群体思维削弱了群体的批判精神和创造力，损害了决策的质量。为了保证群体决策的创造性，提高决策质量，管理领域发展了一系列改善群体决策的方法，头脑风暴法是较为典型的一个。

头脑风暴法由美国创造学家奥斯本于 1939 年首次提出。采用头脑风暴法组织群体决策时，要集中有关专家召开专题会议，主持者以明确的方式向所有参与者阐明问题，说明会议的规则，尽力创造融洽轻松的会议气氛。主持者一般不发表意见，以免影响会议的自由气氛，由专家们"自由"提出尽可能多的方案。

（二）风险矩阵法

风险矩阵法（risk matrix）指按照风险发生的可能性和风险发生后果

的严重程度，将风险绘制在矩阵图中，展示风险及其重要性等级的风险管理工具方法。而风险矩阵图，是使用风险矩阵法过程中所参照的图表。风险矩阵法是一种能够根据风险发生的可能性和影响程度综合评估风险大小的定性的风险评估分析方法。它是一种风险可视化的工具，主要用于风险评估领域。例如某公司绘制了风险矩阵图，如图 2-1 所示。与影响较小且发生的可能性较低的风险（图 2-1 中的 B 区域）相比，具有重大影响且发生的可能性较高的风险（图 2-1 中的 A 区域）更加需要企业的重点关注。

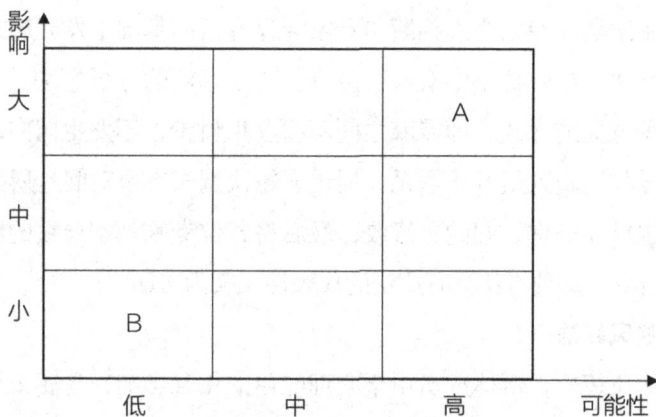

图 2-1　风险矩阵图

　　风险矩阵法常用一个二维的表格对风险进行半定性的分析，其操作简便快捷，为企业确定各项风险重要性等级提供了可视化的工具，因此得到较为广泛的应用。该方法也有它的局限性，即分析者需要对风险重要性等级标准、风险发生可能性、后果严重程度等做出主观判断，可能影响使用的准确性；同时，应用风险矩阵图所确定的风险重要性等级是通过相互比较确定的，因而无法根据列示的个别风险重要性等级通过数学运算得到总体风险的重要性等级。企业在应用风险矩阵法时，需要注意的是每种风险因素的最大程度及影响会因企业结构的不同而有所差别，所以企业要根据自身的经营特点来确定各种风险因素影响程度的等级。

常用的定量分析方法

定量风险分析是对通过定性风险分析排出优先顺序的风险进行量化分析。企业使用定量分析方法时，对构成风险的各个要素和潜在损失的水平赋予数值或货币计量的金额，从而量化风险分析的结果。风险分析的结果是风险应对的一项依据，并是风险监测和控制的组成部分。比较常用的定量分析方法有情景分析法、敏感性分析法、风险价值法、压力测试法等。

（一）情景分析法

情景分析法是在想象和推测的基础上，对可能发生的未来情景加以描述，即通过假设、预测、模拟等手段生成未来情景，并分析其对目标产生的影响的一种分析方法。情景分析法可以通过正式或非正式的、定性或定量的手段进行分析，适用于对可变因素较多的项目进行风险预测和识别。它在假定关键影响因素有可能发生的基础上，构造出多种情景，提出多种可能结果以便采取适当措施防患于未然。

情景分析是通过对企业所面临环境的研究，识别影响企业的外部因素，模拟可能发生的多种交叉情景以分析和预测各种可能前景。情景分析的前提是要进行情景设计，通常借助讨论，形成关于未来情况的各种可能看法。在对一些大型跨国公司的一些大项目进行风险分析时常应用情景分析法，例如管理当局试图把增长、风险和利润连接起来，则可在企业战略计划中应用情景分析法。

使用情景分析法是为了提高企业、公共部门或者其他组织对未来的适应性和提升发展能力，因此分析的一个前提是要对分析的对象有一个清晰的认识。例如对于企业，首先要了解的就是企业的战略目标、提高组织的战略适应能力等，还有一个容易被忽视但非常重要的因素就是企业文化，其关系到每个组织个体价值观与集体认同方面。如果不了解这些，只从整体的角度出发，则很可能通过情景分析法得到一个看似非常好的战略，然而这个战略不切实际，或者效果并不见得好。

（二）敏感性分析法

敏感性分析法是通过分析预测项目主要因素发生变化时对经济评价指标的影响，从中找出敏感因素，并确定其影响程度。项目对某种因素的敏感程度可以表示为该因素按一定比例变化时引起评价指标变动的幅度，也可以表示为评价指标达到临界点时允许某种因素变化的最大幅度，即极限变化。简而言之，敏感性分析法就是从改变可能影响分析结果的不同因素的数值入手，估计结果对这些变量变动的敏感程度。那些对评价指标影响大的因素称为敏感因素，对评价指标影响小的因素则称为非敏感因素。

作为企业的管理者，在掌握了有关因素对利润的敏感程度之后，接下来的任务就是考虑如何利用敏感性分析法帮助决策，以实现企业的既定目标。在这里，抓住关键因素，综合利用各有关因素之间的相互关系采取综合措施，是成功的关键。

虽然敏感性分析法已得到广泛的应用，但也有其局限性。这种方法要求每一关键变量的变化是相互独立的。然而，企业更感兴趣的是两个或两个以上关键变量的变化的综合影响。仅仅考虑独立的因素是不现实的，因为各因素往往是相互影响的。

（三）风险价值法

风险价值是指在正常的市场条件和给定的置信水平（通常是 95% 或 99%）上，在给定的持有期间内，某一投资组合预期所面临的潜在的最大损失金额。例如，在持有期为 1 天、置信水平为 99% 的情况下，若所计算的风险价值为 1 万美元，则表明该银行的资产组合在 1 天中的损失有 99% 的可能性不会超过 1 万美元。

风险价值是在足够长的一个计划期内，在一种可能的市场条件变化之下市场价值变动的最大可能性。它是在市场正常波动情形下对资产组合可能损失的一种统计测度。风险价值法可以测量不同市场、不同金融工具构成的复杂的证券组合和不同业务部门的总体市场风险。但是风险价值法是基于历史数据并假定情景不会发生变化的。

风险价值法是为当前风险管理的需求而产生，以规范的统计全面权衡市场风险的方法。风险价值法把对预期的未来损失的大小和该损失发生的可能性结合起来，不仅能让投资者知道可能发生损失的规模，而且知道其发生的可能性，是一种数量化市场风险的重要度量工具。目前，风险价值法除了被金融机构广泛运用外，也开始被一些企业采用，用来指导企业计量和分析市场风险。

（四）压力测试法

压力测试法是指在具有极端影响事件的情景下，分析评估风险管理模型或内控流程的有效性，发现问题，制定改进措施的方法。极端影响事件是指在非正常情况下，发生概率很小，而一旦发生，后果十分严重的事情。一个企业已有一个稳定的生产环境和销售渠道，除发生极端影响事件以外，企业的生产和销售一般不会受到影响。因此，在日常交易中，企业只需应用常规的风险管理策略和内控流程即可。例如，A 公司，虽然发生火灾的可能性很小，但是公司也应将这种极端情况所带来的风险考虑进去，避免给公司带来严重的损失。

压力测试法是确定系统稳定性的一种测试方法，在软件工程、金融风险管理等领域应用比较普遍。采用压力测试法，是假设该企业在未来发生极端影响事件（如其财产被毁于地震、火灾，被盗或生产的劣质产品使企业信用突降）给企业造成了重大损失，而该企业常规的风险管理策略和内控流程在极端情景下不能有效防止重大损失事件。

风险应对：企业持续健康发展的保证

风险应对的战略选择

风险应对是在风险分析的基础上，针对企业所存在的风险因素，运用现代科学技术知识和风险管理方面的理论与方法，提出各种风险解决方案，经过分析论证与评估从中选择最优方案并予以实施，力求将所承担的风险控制在可容忍的程度内。风险应对与企业的具体业务或者事项相联系，不同的业务或事项要采取不同的风险应对战略，同一业务或者事项在不同的时期要采取不同的风险应对战略，同一业务或事项在同一时期也可以综合运用多种风险应对战略。因此，企业在应对风险时要进行战略选择。

企业在考虑风险应对的过程中，应评估风险的可能性、影响程度，以及风险管理成本，最终选择能够使剩余风险处于期望的容忍度以内的应对措施。企业在选择应对风险的战略时，需要考虑以下几个因素。

1. 风险承受度

企业抵抗风险的能力决定了企业能够承受多大的风险，也决定了企业应对战略的选择。企业抵抗风险的能力取决于多种因素，包括管理者的风险偏好、企业资源和财力水平、企业对风险的态度等。企业应当合理分析、准确掌握董事、经理及其他高级管理人员及关键岗位员工的风险偏好，采取适当的控制措施，避免因个人风险偏好给企业经营带来重大损失。

2. 成本与效益

实际上每一种风险应对战略在设计和实施过程中都会产生一些直接或间接成本，这些成本要与其创造的效益相权衡。只有风险应对的成本小于其所带来的收益，这种风险应对战略才是可行的。

3. 风险的特性

制定风险应对战略，必须以风险的特征为依据，对不同特性的风险制定相应的应对措施。例如，对于风险较大（超出企业的风险承受度）的业务，企业一般采用风险规避；对于自然灾害等不可抗力风险，企业一般采用风险转移。

4. 可供选择的措施

对于某一特定风险，如果有多种风险应对措施，那么就需要对多种措施进行比较，选择最有效的风险应对措施。

选定风险应对战略后，企业应当再次明确已经确立的风险目标，以及这些目标的风险承受度，然后根据每个风险目标已经识别出的风险，重新评估风险发生的可能性及相互影响，进而对单个或整体风险的应对战略进行再评估，确保这些战略与企业整体风险偏好保持一致。

风险应对的战术方法

在评估和分析相关的风险之后，企业管理层就要考虑如何应对风险，具体的战术方法包括风险规避、风险降低、风险分担和风险承受。管理当局应选择一系列措施使风险与主体的风险容忍度相协调。风险规避应对意味着确定的应对方案都不能把风险的影响和可能性降低到一个可接受的水平。风险降低应对和风险分担应对意味着把剩余风险降低到与期望的风险相协调的水平，而风险承受应对则表明固有风险已经在风险容忍度之内。

企业管理层必须在不断变化的市场现实中进行经营。当他们根据企业的风险承受能力，把资源投入最佳机遇中去时，必须对相应的风险和回报进行仔细的评估，他们必须满怀信心地让投资者和其他利益相关者相信：除了能在国际市场上日渐走向繁荣外，企业也正在行之有效地管理相伴而来的风险。根据《萨班斯－奥克斯利法案》的规定，上述措施似乎仍然不足，首席执行官与首席财务官作为核证官员，必须支持公开透明的汇报工作。针对这些风险和经营模式中的内在风险做出应对，正是成功企业应有的作为。

（一）风险规避

风险规避是在考虑到某项活动存在风险损失的可能性较大时，主动放弃或加以改变，以避免与该项活动相关的风险的策略。风险规避策略通过不参与或不继续导致风险的活动来实现，适用于对企业目标有特别重大影响的负面风险。风险规避能将特定风险造成的各种可能损失完全消除。例如，企业通过重新定义目标、调整战略及政策或重新分配资源，停止某些特殊的经营活动，以避免受未来某些经营风险的影响。因此，也有人将风险规避称为最彻底的风险管理技术。风险规避的方式主要有以下几种。

（1）完全放弃，是指企业拒绝承担某种风险，根本不从事可能产生某些特定风险的活动。一般是在活动开始之前，企业就决定不能接受活动中的风险，故不开展此项活动。例如，某企业打算开展软件外包业务，但是发现市场上开展此类业务的企业之间竞争极其激烈，因此该企业考虑完全放弃开展软件外包业务的计划。

（2）中途放弃，是指企业在进行某种活动的过程中，发现有不可能接受的风险，企业终止承担该种风险。例如，一个经销家庭日用品的企业在经销日用品的过程中发现，某种日用品在某些情况下会给小孩身体带来危害，于是决定终止这种日用品的销售。这种风险规避策略通常与环境的较大变化和风险因素的变动有关。由于发生了新的不利情况，经过权衡利弊后，认为得不偿失，故而放弃。

（3）改变条件，是指改变生产活动的性质、改变生产流程或工作方案等。其中，生产性质的改变属于根本性的改变。例如，梧桐电子仪器厂在开发生产高频接插件时，如果选择从日本引进全套设备，需要投资900万元，企业难以承受由此带来的财务压力，于是，企业采用逐步改变条件的策略，先投资300万元，引进散件和后续工序设备，待收回投资后再成套引进，最终使新产品开发获得成功。

（二）风险降低

风险降低是指在风险损失发生之前，利用政策或措施采取积极的风险处理措施减小损失发生的可能性或降低损失严重程度。降低风险可通过消除风险源，改变风险发生的可能性或后果等方式，比较适合风险本身是可控的情况。风险降低是将不利的风险事件的后果和可能性减少和降低到一个可以接受的范围。通常在项目的早期采取风险降低策略可以收到更好的效果。

企业可以采用以下方法降低企业所面临的风险：一是将金融资产或实务资产合理分散配置，实现多元化；二是通过合理设计保值方案对冲风险等。例如，在新能源汽车的开发过程中开发工程人员的流失对项目的影响非常严重，企业可以通过完善工件、配备后备人员等方法来减轻人员流失带来的影响。

（三）风险分担

风险分担是指通过合同或非合同的方式将风险转嫁给另一个人或单位的一种风险处理方式，是企业应用范围最广、最有效的风险管理手段。企业可以通过结盟、合资经营、投资新业务、与其他机构签订风险协议共担风险。分担风险的主要方法有采用业务分包、购买保险等方式和适当的控制措施。例如，企业面对一个完全陌生领域的项目可以采用外包来完成，同时在外包过程中企业必须有明确的合同约定来保证承包方对项目的质量、进度以及维护的保证，否则风险分担很难取得成功。

（四）风险承受

风险承受是企业面对风险时不采取任何行动，将风险保持在现有水平。这种方式适合应对那些经风险评估后，企业认为可接受或可容忍的风险，也适用于企业目前尚无资源和能力应对的风险。例如，企业可以根据市场情况许可等因素，对产品和服务进行重新定价，从而补偿风险成本。又如，企业可以通过合理设计的风险组合工具，抵消风险。

< 案例分析 >

F 公司保价服务应对快递行业风险 [①]

　　F公司成立于1993年，并于2010年在深圳证券交易所上市，是国内的快递物流综合服务商。经过多年发展，F公司不仅提供配送端的物流服务，还延伸至价值链前端的产、供、销、配等环节，从消费者需求出发，为客户提供仓储管理、销售预测、大数据分析、金融管理等解决方案。2021年2月9日，F公司在巨潮资讯网发布了要约收购嘉里物流股权的相关通知。F公司全资子公司计划以现金支付175.55亿港元部分要约收购嘉某物流51.8%的股本，并于9月28日完成资产交割。此价格是嘉某物流于2月9日前后连续三十个交易日在联交所所报平均收市价溢价的56.22%，溢价程度很高。上市公司跨境并购比境内并购在估值的准确性方面更加困难，F公司并购嘉里物流存在一定的财务风险，如并购前估值溢价风险、并购融资中的偿债风险、并购中现金支付短缺风险以及并购后财务整合风险等。

　　F公司在其并购前应做以下风险应对措施。一是在收购工作开始前，F公司应以公司长期发展为主要目的，并针对企业内部环境和国内外市场环境等各种因素制定合理的并购预案；二是F公司的融资方式主要有外部融资和内部融资两种，外部融资成本过高，内部留存收益融资会占用企业大量的资金，为了预防资金风险，F公司在跨境并购中应创新融资方式并拓宽融资渠道，如利用银行贷款、保险、商业资金等，充分利用国际资本市场和证券市场等。三是F公司在并购中应该选择合理的支付方式，对目标公司进行全方面分析。四是有效的资源整合可以实现协同效应，并购后构建合理财务组织结构重视资源的整合。

[①] 柳德才，梁晓冉，陈宇奥.上市公司跨境并购财务风险与防范研究[J].财会通讯，2022（14）.

3

数字化时代的风险管理趋势

扫码即可观看
本章微视频课程

▶ **本章提要**

数字经济是以数字化的知识和信息作为关键生产要素，以数字技术为核心驱动力量，不断提高经济社会的数字化、网络化、智能化水平，加速重构经济发展与治理模式的新型经济形态。后疫情时代，我国进入数字化升级 3.0 阶段，"十四五"规划和 2035 远景目标纲要作出重要指示，要推动数字经济和实体经济深度融合，加快数字化发展，打造数字经济新优势，以"双融合"全面支撑"双循环"。

数字化时代，不断创新的信息技术会对风险管理产生影响。这一影响在很大程度上取决于企业将来是否有能力利用这些新技术来更好地识别风险、控制风险成本，以及评估损失的频率和严重程度。

▶ **情境导入**

国药控股数字化智慧健康服务[①]

国药控股股份有限公司（以下简称"国药控股"）成立于 2003 年 1 月，是由中央直属的中国医药集团总公司与上海复星高科技（集团）有限公司共同出资组建的跨所有制、跨地域的大型医药集团性企业。企业注册资本 10.3 亿元人民币，主要经营范围包括化学原料药、化学制剂药及资产重组、国内贸易、零售连锁、物流配送及相关咨询服务等。

伴随着数字化浪潮的冲击，数字化技术和实体经济结合越来越紧密，各行各业都加速迈进了数字化转型新时代。数字化转型成为该企业的业务

---

① 杨珊华，李昊，佟士玲，等.国药集团精准推进财务管理制度创新的案例与启示 [J].中国管理会计，2022（04）.
李粲.国药集团在智慧医疗领域的探索与发展 [J].企业改革与管理，2020（08）.

发展和财务管理的必然选择。国药控股如何利用云计算、大数据等新技术升级商业模式、打造智慧健康服务成为重要议题。长期以来，国药控股都非常重视企业的财务数字化转型和智慧健康服务相关工作，通过财务共享、业财融合等方式促使管理会计指导企业的实践工作。在此基础上，国药控股借助数字化财务管理，构建企业数字化财务管理的根基，促使管理会计和财务管理的效能有效发挥。

国药控股的数字化财务管理和数字化智慧服务主要体现在下面两个方面。

1. 企业业务发展的数字化

国药控股根据企业战略管理的要求、结合自身的业务模式和业务流程特点，根据数字化转型的需求，借助"互联网+"、大数据和云计算等创新技术，构建智能化数字转型业务流程平台。该数字化平台的构建可以为企业销售、采购、运营质量提升赋能，为决策提供支持；也可以通过人工智能技术优化财务管控。

2. 企业财务管理的数字化

随着国药控股的经营规模不断扩张，业务模式和信息化程度也应该不断创新和提高，要构建与数字化平台相匹配的高效能财务管理模式。如将管理会计、财务会计与企业业务相融合的业财融合管理模式，增强了企业财务共享的资源协同效应，提升了企业集团的经营决策和战略管理能力。

根据国药控股的案例，不难发现数字化创新技术在推动企业不断发展的同时，也给企业带来了新的挑战。企业不仅要考虑如何利用创新技术创造价值，还需要考虑应用新的信息技术带来的风险，以及如何对这些风险进行管理。因此，本章在介绍影响风险管理的前沿技术的基础上，分析信息技术如何影响企业的风险管理，为企业提供新的风险管理框架。

影响风险管理的前沿技术

区块链技术

（一）什么是区块链技术

1. 区块链的含义

区块链是使用密码学方法保证数据传输和访问安全，并按照时间顺序将数据区块以顺序相连的方式组合成的一种链式数据结构。区块链拥有的去中心化、信息难以篡改、可追溯性和匿名性等特征，与会计信息不可篡改、可溯源、信息安全保密等要求有着天然的联系。区块链是一个共享的、不易更改的账本，可以促进在业务网络中记录交易和跟踪资产的过程。几乎任何有价值的东西都可以在区块链网络上进行跟踪和交易，从而降低各方面的风险和成本。

企业业务运营离不开信息。信息接收速度越快、内容越准确，越有利于业务运营。区块链是用于传递这些信息的理想工具，因为它可提供即时、共享和完全透明的信息，这些信息存储在不易篡改的账本上，只能由获得许可的网络成员访问。区块链网络可跟踪订单、付款、账户、生产等信息。由于成员之间共享单一真相视图，因此企业可以端到端地查看交易的所有细节，从而获得高效率和新的商机。

2. 区块链的关键元素

（1）分布式账本技术。

因区块链的系统是分布式的，所以不止一个节点上有完整的账本，从一个主体集中式记账模式到多个主体分布式记账模式,参与记账的各方通过同步协调机制保证多个主体之间数据的一致性,规避了复杂的多方对账过程。如果只是有人不小心误操作修改了某一个账本或者某一条记录,则系统后续的运营会自动把正确的账本同步到这个节点上,从而误操作会被自动修正。

所有网络参与者都有权访问分布式账本及其不易更改的交易记录。使用此共享账本,交易仅记录一次,从而消除了传统业务网络中典型的重复工作,如通过在网络参与者之间共享的分布式账本消除浪费时间的记录对账工作。同时,作为成员专用网络中的一员,企业可以借助区块链确信自己收到的数据是准确及时的,且保密区块链记录只能共享给获得专门访问授权的网络成员。

(2)不易篡改的记录。

区块链系统上的所有交易都是可追溯的和不易逆的。区块链技术采用时间戳来记录各项交易,任何一个节点上的账本都是整个系统中的一部分,有助于解决数据登记追溯问题。另外,登记在区块链内的数据有可追溯的主体身份签名并可用于事后管理,每个附加的区块都会加强对前一个区块的验证,这使得区块链能够防止篡改,具备不易更改的关键优势。没有人可以删除交易,即使系统管理员也不可以。如果交易记录包含错误,则必须添加新交易记录以撤销该错误,且这两个记录都是可见的。

(3)智能合约。

为了提高交易速度,区块链上存储了一系列自动执行的规则,称为"智能合约"。区块链系统是不需要第三方仲裁的,系统上所有的交易和过程都是按照一定的规则或合约来执行的。例如金融衍生品,它们的操作可能是金融领域中比较复杂的,在企业实际操作中,仍然需要大量的人工操作和干预。一旦发现问题,可能就需要重复对账,其混乱和复杂程度让人难以想象。如果能够将区块链系统结合智能合约,那么当需要操作的时候,系统会自动完成,不会发生人工操作失误的情况。

（二）区块链技术对企业的冲击

区块链是分布式数据存储、点对点传输、共识机制、加密算法等计算机技术的新型应用模式。其具备去中心化、分布式存储以及多中心协作等特点，逐步与企业的财务管理工作的技术和方法相结合，增强了企业信息系统中财务信息的真实性和可靠性，提高了企业管理的效率。

1. 区块链提高了财务信息的可靠性和稳定性

区块链便于信息追溯，提升了财务信息的质量。企业利用区块链技术，建立分布式的财务系统。企业应用区块链技术可以在以下方面提升财务信息质量。一是可以用于资金活动管理，降低资金风险，使得筹资活动和投资活动的每一笔资金都是可追溯的，同时资金的运营情况不能仅凭个人的意愿进行篡改。二是在财务报告的风险管理上，保证使用者使用真实的财务报告，避免他人恶意篡改财务信息，保证对企业财务风险的有效管理和企业的健康运营。三是在预算风险的管理上，通过追溯以往的数据和预算计划、具有联系的其他相关数据，健全预算编制，使得企业经营有据可依。四是利用可追溯和不易篡改的特性进行成本核算、资金结算和现金管理业务，使发生错误的业务流程或环节大大减少。

2. 区块链提高了财务信息处理效率

区块链的应用将提高企业账务处理的智能化水平，提高企业财务信息处理的效率。首先，区块链的应用模式是多个主体分布式记账模式，参与记账的各方通过同步协调机制保证多个主体之间数据的一致性。其次，会计信息系统根据预先设定的智能合约可以实现自动审核、自动生成凭证和账簿，从而实现账务处理的智能化，节省企业财务信息处理的人工成本，大幅降低人为操作风险。

‹ 案例分析 ›

京东在区块链的新布局 [①]

京东商城成立于 1998 年，是中国电子商务领域颇具影响的电子商务网站之一。2016 年，京东集团开始了区块链技术研究，至 2021 年京东的区块链技术已经从初步探索走向了成熟，并先后在品质溯源、数字存证、信用网络、金融科技等领域落地不同场景的应用，涉及采购、库存和配送等业务流程环节。

1. 构建区块链技术下的采购平台

采购环节位于供应链的开端，是供应链成本控制中最容易产生问题的环节。2020 年 4 月，京东利用区块链技术以及升级后的数字技术，推出了名为"京采云"的数字化采购商城解决方案。"京采云"还能够直连税、企、银三方数据，实现了一人接收、自动入账、自动生成结算单等行为，让交易各方可以通过快速开具电子发票，完成自动结算，降低采购成本、提高采购效率、优化采购管理。

2. 构建区块链下的货物存储平台

仓储成本在供应链总运营成本中占非常重要的地位，京东的防伪追溯平台可以实现信息共享，这优化了供应商管理库存的方式、减少了存货占用，利用区块链技术更能确保仓库总是有相应的产品和库存量以满足消费者需求。京东商城可以利用区块链技术预测市场需求，实时检测供应链整个过程的流动，实现对采购、仓储、转运过程做出即时可见的调整，对货物进行积极的补充以及对存货进行相应的调整。

3. 构建透明化配送平台

随着电商行业的发展，京东作为电子商务企业与客户进行链接，其高效的物流配送服务成为电商企业竞争中制胜的关键。京东物流与时俱进，

[①] 孙莹，路雪. 京东区块链应用对营运资金管理绩效的影响 [J]. 财务与会计，2021.12.

开发"链上签"① "京源链"②这两个提高物流水平的区块链应用。为了巩固高效的物流配送这一核心竞争力，配合"渠道下沉"战略的实施，京东不同层级以及同层级仓库之间的协调配合可以拓展"211限时达""极速达"等物流配送服务的覆盖面积。如若商品在物流环节出现了问题，京东可以运用透明化的物流平台迅速追责，保证物流监管，这能增强物流的安全性，提高物流的效率和准确性，降低配送成本。

5G 技术

（一）什么是 5G 技术

第五代移动通信技术的英文全称是 5th Generation Mobile Communication Technology，简称 5G 技术。5G 技术作为一种新型移动通信网络，是实现人机物互联的网络基础设施，是具有高速率、低时延和大连接等特点的新一代宽带移动通信技术。5G 技术不仅要解决人与人通信的问题，为用户提供增强现实、虚拟现实、超高清（3D）视频等更加身临其境的极致业务体验，还要解决人与物、物与物的通信问题，满足移动医疗、车联网、智能家居、工业控制、环境监测等物联网应用需求。最终，5G 技术将渗透到经济社会的各行业、各领域，成为支撑经济社会数字化、网络化、智能化转型的关键新型基础设施。

管理者是企业发展的主体，管理者的理念决定着企业的发展方向。5G 智能时代的来临，要求企业的管理者深化企业管理意识，积极运用 5G 技术等信息技术精确提取、智能分类各部门财务信息数据，侧重对企业财务信息数据进行挖掘、处理、分析和探究，提高财务工作效率，实现财务全局

---

① "链上签"依托区块链分布式账本技术与数字签名技术实现与重要客户的智能对账，其优点在于结算账期短、资金周转率高。
② "京源链"能够保证商品在物流过程中的可追踪性，通过实时更新物流配送信息保证各环节信息的准确性，能够做到供应链流程全透明，严格监控包裹的运转状态，避免包裹丢失、损毁、偷换等不良行为。

管理。同时，企业的各层管理者应该转变信息管理思维，应该主动从传统工作形式中脱离出来，通过数据技术简化工作流程，将人工核算工作的精确度和完成度交由信息技术平台监管，利用黄金时间学习先进管理理念，这样才能及时关注企业整体的管理状况，发现企业的风险因素，适时调整企业的经营发展战略。

（二）5G 技术对企业发展的冲击

在万物互联的信息时代，互联网既具有优势也具有弱点。随着当前社会 5G 技术的覆盖式发展，5G 技术逐渐融入各行各业，推动着传统行业的创新化变革。企业应该注重 5G 技术给企业发展带来的全新挑战与冲击。

1. 促使企业的财务工作更加智能化

企业传统的财务工作重复且简单，企业将大量的人力和物力浪费在核算业务上，不仅降低了工作效率，而且压抑了工作热情，不利于企业健康快速发展。企业通过计算机设置相关基础性业务流程，可以快速汇集各业务部门数据，智能化核算和分类，极大地提高财务人员工作效率和择取信息的准确性，实现财务智能化，有利于全流程财务监督，巩固且加速企业经济发展。

2. 促进企业迎接深入学习新技术的挑战

5G 技术下较高的数据传播速度、更多样化的关系数据、更严格的个人隐私数据保护政策，都给企业的风险管理带来了全新的挑战。企业只有深入学习 5G 技术，才能全面运用该技术提高效益。同时，人才作为企业变革和创新的根基，不仅可以为企业带来无法估量的经济效益，而且可以为企业带来全新独特的发展理念。5G 智能时代的发展环境，不仅要求企业进行全新变革，迎合当前发展节奏，而且要求企业管理人员快速增强能力，迎接 5G 智能时代所带来的智能化挑战。

3. 加快企业实现业财融合的步伐

企业作为市场经济发展的重要主体，必须主动迎接 5G 技术所带来的经济变革浪潮，对企业的业态进行迅速调整。特别是企业的财务部门，作为企业经营管理和战略决策支撑的重要职能部门之一，需要顺应 5G 智能时代的信息技术变革，最大限度地发挥主动性和创造性，从传统烦琐的核算业务中脱离出来，将企业的业务和财务相结合，探索企业财务数据的真正意义，高效挖掘对企业战略管理和企业决策有价值的财务信息，快速实现业财融合，创造出更多的价值。

4. 提升企业规避竞争风险的能力

在 5G 智能时代的影响下，大多数企业都开始尝试不同的转型路径。企业在转型过程中，能够把更多时间投入信息增效的挖掘工作，准确地预测未来发展趋势，及时应对瞬息万变的经济环境。若企业不能协同 5G 智能时代发展步伐，则会面临被社会淘汰的风险，在不知不觉中退出激烈的市场竞争。

综上所述，5G 技术的发展给互联网带来了冲击，面对新型技术的发展，企业面临着不同的信息技术风险。如何应对创新技术风险，是企业在未来很长一段时间内要解决的重要问题。

大数据与云计算技术

（一）什么是大数据与云计算技术

1. 什么是大数据技术

大数据（big data）是需要新处理模式才能具有更强的决策力、洞察力和流程优化能力的海量、高增长率和多样化的信息资产。研究机构 Gartner 给大数据做了这样的定义：大数据是需要新处理模式才能具有更强的决策力、洞察力和流程优化能力来适应海量、高增长率和多样化的信息资产。麦肯锡全球研究院对大数据给出的定义是：一种规模大到在获取、存储、管理、分析方面大大超出了传统数据库软件工具能力范围的数据集合，具有数据规模较大、数据流转快速、数据类型多样和价值密度低四大特征。

大数据技术的战略意义不在于掌握庞大的数据信息，而在于对这些含有意义的数据进行专业化处理。换而言之，如果把大数据比作一种产业，那么这种产业实现盈利的关键在于提升对数据的"加工能力"，通过"加工"实现数据的"增值"。例如，深圳数位传媒科技有限公司花了五年的时间，经历了技术积累、业务探索到商业落地三大阶段，打通了从大数据技术生产到大数据商业应用的道路。刚开始，数位传媒提供的这种店铺级别的线下大数据服务，主要用户来源于商业地产、连锁品牌等各个领域的头部企业。使用数位传媒线下大数据后，大多数用户不再受限于碎片化、孤岛化的数据或者个体的经验判断，依托大数据及智能算法得出的分析报告，可以更快、更全面地进行重大决策。

2. 什么是云计算技术

云计算又称为网格计算，其产生于谷歌和 IBM 等大型互联网公司处理海量数据的实践，并由谷歌前任首席执行官埃里克·施密特（Eric Schmidt）于 2006 年在搜索引擎大会首次提出。云计算技术具有很强的扩展性和需要性，可以为用户提供一种全新的体验，云计算技术的核心是可以将很多的计算机资源协调在一起。通过这项技术，用户可以在很短的时间内完成对数以万计的数据的处理，从而享受强大的网络服务。因此，云计算技术使用户通过网络就可以获取到无限的资源，同时获取的资源不受时间和空间的限制。

云计算是一种全新的网络应用概念，是以互联网为中心，在网站上提供快速且安全的云计算服务与数据存储，让每一个使用互联网的人都可以享受网络上的庞大计算资源与数据中心。云计算是与信息技术、软件、互联网相关的一种服务，这种计算资源共享池叫作"云"，云计算技术把许多计算资源集合起来，通过软件实现自动化管理，只需要很少的人参与，就能让资源被快速提供。也就是说，计算能力作为一种商品，可以在互联网上流通，就像水、电、气一样，可以方便地取用，且价格较为低廉。

（二）大数据与云计算技术对企业的冲击

大数据技术采用云端存储处理海量数据，"数据大集中"在我国企业获得广泛认可。一些大型企业、券商和银行纷纷建设数据种子作为客户服务或者金融服务的核心和基础。从技术上看，大数据与云计算是相辅相成的。大数据技术的特色在于对海量数据进行分布式数据挖掘，需要采用分布式架构进行处理，无法用单台计算机进行处理。这种特征要求大数据技术必须依托云计算技术的分布式处理、分布式数据库和云存储、虚拟化技术。大数据技术就是互联网发展到现今的一种表象或特征，在以云计算技术为代表的技术创新大幕的衬托下，在企业中看起来很难收集和使用的数据开始被很容易地利用起来，通过不同行业、不同规模、不同性质企业的不断创新，大数据和云计算技术会逐步为企业带来更多的价值。但大数据下的云计算技术为企业信息化建设所带来的一系列风险和挑战仍然不容忽视。

1. 企业应具有共享内外部资源的信息的能力

企业应用大数据与云计算技术后，可以打破各部门之间资源共享的壁垒，各部门之间的信息不再呈现信息孤岛的形式，变得更加公开透明。信息资源共享，不局限在企业内部，企业外部的信息资源也能共享。企业可以根据自身情况自主选择所需要的信息，并将信息上传到云端进行存储。与此同时，企业的数据信息也可以为别的企业提供信息依据，使得企业在收集和处理信息方面变得更加高效。

2. 企业应具有深入挖掘，处理信息的能力

在大数据与云计算背景下，企业信息智能化不仅针对企业生产作业所产生的数据进行分析，还实现了各种搜索引擎和浏览器数据的整合，可以提供更加有价值的信息，再将这些信息与企业的风险管理决策整合，能够挖掘出尚未被发现的有价值信息，更能实现资源的优化配置。大数据与云计算技术给企业带来便捷的同时，也扩大了企业信息数据的可利用范围，企业需要对这一变化迅速地做出反应，需要从不同信息数据中捕捉到对企业战略决策更有用的信息。

3. 对企业信息化建设提出了更高的要求

基于云计算技术的应用，企业的信息化建设得到了质的突破，在大数

据技术的支持以及大数据背景下，仅凭简单的网络基础设施即可以获取丰富的信息数据资源，可以有效搭建信息化所需要的硬件和软件平台，并且云计算服务商提供了一系列后期实施、维护等服务。虽然越来越多的企业认识到信息化建设的重要性，但我国在这方面起步相对较晚，加之大数据与云计算平台建设发展存在滞后性，使得大数据与云计算这类新兴信息化技术发展和平台建设面临着较大阻碍。

信息技术推动风险管理发展

随时随地的信息采集

（一）信息与数据

1. 信息与数据之间的关系

信息是对企业有用的、能够影响企业行为的数据。信息是数据的内涵，是企业对数据的理解，是数据加工后的结果。数据是信息的载体，没有数据便没有信息，因此信息不能单独存在。

数据和信息之间是相互联系的。数据是反映客观事物属性的记录，是信息的具体表现形式。数据经过加工处理之后，就成为信息；而信息需要经过数字化转变成数据才能存储和传输。接收者对信息识别后表示的数据符号称为数据。数据的作用是反映信息内容并被接收者识别。声音、符号、图像、数字就成为人类传播信息的主要数据形式。

2. 企业信息的内容

企业在收集信息时应收集企业的内部信息和企业的外部信息。

企业的内部信息包括：集团及子公司组织机构、管理层职责的变化，如组织结构的形式、各职能部门的划分，以及各职能部门的权责分配情况，上述变化可能影响集团实施控制的方式；集团及子公司的各种业务流程信息，如质量、安全、环保、信息安全等管理中曾发生或易发生失误的业务流程或环节等。

企业的外部信息包括：行业状况、国家产业政策因素；潜在竞争者、竞争者及其主要产品、替代品情况等竞争因素；集团及子公司战略目标的影响因素；技术进步、工艺改进等科学技术因素；影响研发的性质和时机等。

3. 企业信息的获取途径

企业信息的获取途径主要有内部和外部两个方面。企业内部信息的收集主要通过内部的各职能部门、"葡萄藤"渠道——"小道消息"、内部信息网络等途径；企业外部信息的收集主要通过大众传媒、政府机关、社团组织、各种会议、个人关系、协作伙伴、用户和外部信息网络等途径。

（二）信息采集的原则

信息采集有以下 6 个原则，遵循这些原则是保证信息采集质量最基本的要求。

1. 完整可靠性原则

信息采集可靠性原则是指采集的信息必须是真实对象或环境所产生的，必须保证信息来源是可靠的，必须保证采集的信息能反映真实的状况。可靠性原则是信息采集的基础。在此基础上，企业要注意信息采集的完整性。信息采集完整性原则是指采集的信息在内容上必须完整无缺，信息采集必须按照一定的标准要求，采集反映事物全貌的信息。完整性原则是信息利用的基础。

2. 及时性原则

企业收集信息要及时，对企业发生的经济活动应在规定期间内进行记录和存储。信息采集的及时性是指能及时获取所需的信息，及时性原则保证信息采集的时效。及时性原则一般有 3 层含义：一是指信息自发生到被采集的时间间隔短，最及时的是信息采集与信息发生同步；二是指在企业或组织执行某一任务急需某一信息时能够很快采集到该信息；三是指采集某一任务所需的全部信息所花费的时间少。

3. 准确性原则

准确性原则是指采集到的信息与应用目标和工作需求的关联程度比较高，采集到的信息的表达是无误的，是属于采集目的范畴的，相对于企业或组织自身来说具有适用性，是有价值的。关联程度越高，适应性越强，就越准确。准确性原则保证信息采集的价值。值得一提的是，企业可以利用区块链技术进行战略、经营、财务、风险等相关方面的信息收集，利用此技术收集的信息与通过其他渠道或技术收集的信息相比更具有真实性。

4. 计划性原则

采集信息既要满足当前需要，又要兼顾未来的发展；既要广辟信息来源，又要持之以恒；不是随意的，而应根据企业的任务、经费等情况制订周密详细的采集计划和规章制度。

5. 成本效益原则

企业在采集信息时，要考虑成本效益，只有当采集信息的收益大于成本时，采集信息才是可行的。判断某项信息是否值得采集，首先必须考虑这个原则。具体来说，采集信息的成本包括收集和整理信息的成本，采集信息带来的收益包括增加营业收入、降低成本、提高资金周转率、提高生产自动化和透明度、提高管理决策质量等。在企业实践过程中，目前很多信息采集的成本和收益项目是难以确切计量的，这就需要企业依靠一定的经验来判断，这一情形的存在决定了成本效益原则至今只能是一种模糊的价值判断。

6. 预测性原则

预测性原则是指企业传递和使用的经济决策信息需要具备预测功能。信息采集人员要掌握社会、经济和科学技术的发展动态，采集信息时既要着眼于现实需求，又要有一定的超前性。信息采集人员要善于抓苗头、抓动向，随时预测未来，采集那些对未来发展有指导作用的预测性信息。

（三）信息采集风险与控制

企业的任何决策都离不开信息的支持。企业需要根据其真实需求来采集不同的信息，以便随时掌握企业所处的不同内外环境，确保发展战略和经营目标的实现。企业在采集相关信息的过程中，主要风险为以下几个方面。

1. 采集的信息不足或者过多

在采集信息的过程中，由于某些原因，企业未能采集或者未能及时采集到对企业战略决策有用的信息，就可能无法决策，此时会产生采集的信息不足的风险。但也存在截然相反的情况，企业信息的来源过多会使企业获得成千上万的信息，抑或是企业采用区块链、5G、大数据和云计算等信息技术快速收集的信息过多，这就可能导致信息冗余，会给企业的管理人员带来信息决策干扰。无论是信息不足还是信息过多，都会给企业带来不同程度的信息采集风险，如何规避是企业需要考虑的问题之一。

2. 采集的信息内容不准确

企业在采集信息的过程中，内外部各种信息的来源过多，如通过行业协会组织、业务往来单位、市场调查、来信来访、网络媒体等渠道都可以获得信息，这就导致有些信息的准确性无法保证。此外，部分企业信息采集技术落后，在信息搜集和录入过程中，可能由于人为破坏或者操作疏忽而产生错误信息。这些错误信息，会导致企业管理层决策失误。为避免产生该种风险，企业需要及时更新信息技术，如采用区块链、5G 等智能化信息技术，提高采集内容的准确度。

3. 信息采集和整理成本过高

成本效益原则是信息采集和整理的一个重要约束条件。如果企业采集某项信息的成本过高，甚至超过了采集该信息所带来的收益，那么企业采集和整理该信息就会失去意义。在智能化时代，企业在享受区块链、5G、大数据和云计算等创新技术带来便利和高质量信息的同时，也要考虑使用创新技术所带来的成本与效益，综合做出最有利于企业的科学决策。

高效精准的信息处理

（一）什么是信息处理

信息，指音讯、消息、通信系统传输和处理的对象，泛指人类社会传播的一切内容。要想获得信息就要先获得负载信息的数据，再对其进行加工。将数据加工成信息有时很简单，有时很复杂，有时需要将很多数据经过复杂的加工过程才能得到信息。在一家企业内，一般来说，地位越高的管理者所需要的信息越需要加工和处理。信息处理就是对信息的接收、存储、转化、传送和发布等。

（二）信息风险的处理原则

依据国家、行业主管部门发布的信息安全建设要求进行的风险处置，应严格执行相关规定。如依据等级保护相关要求实施的安全风险加固工作，应满足等级保护相应等级的安全技术和管理要求；因不能够满足该等级安全要求产生的风险则不能够适用适度接受风险的原则。企业在处理采集的信息时要遵循以下原则。①合规原则。风险处理目标的确立和风险处理措施的选择应符合法律、法规、政策、标准和主管部门的要求。②有效原则。在合规原则的前提下，风险处理的核心目的就是通过采取风险处理活动，有效控制风险，使得处理后的风险处于组织的可承受范围之内。③可控原则。明确风险处理的目标、方案、范围、需要实施的风险处理措施及风险处理措施本身可能带来的风险，明确风险处理所需的资源，确保整个风险处理工作的可控性。④最佳收益原则。根据企业确立的信息风险处理目标，运用成本效益分析的方法，综合分析各种风险处理措施的成本、时间和技术等因素，以及能够获取的收益，选择收益最佳的风险处理措施。

（三）信息处理风险与控制

1. 创新技术所带来的信息处理风险

企业在运营过程中，会面临很多风险，包括战略风险、业务操作风险、信息处理风险和财务风险，每一种风险都可能会给企业带来一定的不确定性。企业运营活动风险主要有企业事件、信息流程和决策这三个要素，三者的关系为：企业事件触发信息流程，决策活动也会触发企业事件和信息流程。信息处理风险是指在进行信息处理（记录、维护和报告）时，可能发生的风险和舞弊。信息处理风险包括记录风险：记录不完整、不准确[①] 或无效[②] 的业务事件数据。不完整的数据是指未包括业务事件所有的相关特征的数据。

随着智能化时代的到来，创新技术为企业带来高效便捷的同时，也为企业带来了新的挑战和风险。这就要求企业在利用区块链、5G、大数据以及云计算等创新技术推动企业发展、信息化建设的同时，切实维护网络环境的安全性。尤其是一些创新技术的应用在我国仍然处于起步阶段，有着较大的改进和上升空间。在这一趋势下，一系列不安定因素频发，也无形中为企业智能化信息处理工作带来了较大的挑战。一些企业引入先进的网络安保技术，结合不同信息数据工作需求来选择恰当的网络安保程序，维护网络环境的安全性、可靠性，避免信息数据被盗窃或泄露带来十分惨重的影响。因此，企业要切实维护网络环境的安全。

2. 创新技术下的信息处理控制

传统企业的信息处理工作已经面临着巨大的信息量，需要在固定时间内完成多方面数据信息的处理和加工，这对于企业的管理人员而言无疑是一个巨大的挑战，因此需要利用先进的信息技术帮助企业用有限的管理人员完成对信息的分类和整理，减少企业外部的数据风险。如何将区块链、5G、大数据、以及云计算等技术更好地运用到企业内部风险管理的过程中已经是企业面临的最基本问题，然而企业更需要考虑的是采用创新技术进行数据信息采集和处理所面临的风险问题。如何规避技术改革所带来的信息风险，也是企业需要重点考虑的问题之一。通常企业可以采用以下信息处理控制措施。

（1）实时控制。

信息处理控制，保证与业务活动有关的数据被实时地记录、正确地分类、完整地报告，并控制对信息的使用权限。由于企业的信息系统是业务

---

① 不准确是指记录的数据未准确地表示事件。

② 无效是指记录虚假事件。

过程和信息处理过程的集成，加之在区块链、5G 等创新技术应用的环境下，业务活动的自动化处理替代了人工处理，存储手段也由计算机代替了纸张，因此在对待如何完成正确获取交易数据这一目标时，就不能采取事后进行一致性检查等传统控制手段。因为业务是通过网络实时发生的，人员干预较少，所以必须实施事中控制，即实时控制。

（2）监控。

监控是评估一段时期的企业风险管理质量的过程。在传统的信息系统中，为评价企业风险管理进程和信息处理是否有效，除了采用实时控制措施外，还可采用并行监控的方式。企业要对创新技术应用后的信息处理进行监控，要做到以下几个方面：①创新技术迅猛发展，我国应完善数字化时代相关法律法规，企业要遵守合规性原则对信息处理进行风险管理与监控；②构建以创新技术为依托的信息化共享服务平台，并注重对信息技术运营方面的监督，加强对信息处理的管理，切实保障企业信息的安全性。

相互兼容的信息系统构建

（一）什么是信息系统

信息系统是指企业利用计算机和通信技术，对内部控制进行集成、转化和提升所形成的信息化管理平台。信息系统（information system）是由计算机硬件、网络和通信设备、计算机软件、信息资源、信息用户和规章制度组成的以处理信息流为目的的人机一体化系统，主要有五个基本功能，即对信息进行输入、存储、处理、输出和控制。

信息系统在改变企业传统运营模式的同时，也对传统的内部控制观点和控制方式产生了深远的影响。在区块链、5G、大数据以及云计算技术应用背景下，企业风险管理环境和对象的侧重点也发生了变化，企业需要加强信息系统风险管理，尤其是对网络数据安全以及信息化运行系统的内部风险的管理。企业原有的内部控制越来越不适应企业的业务发展和管理的改善。依托于创新技术的信息系统的实施引发了企业管理模式、生产方式、交易方式、作业流程的变革，为管理工作的重心从经营成果的反映向经营过程的控制转移创造了技术条件。

（二）信息系统的开发方式

当我们提及数字化转型时，就不可避免地会谈到新兴数字技术，如云计算、大数据、人工智能等。其中以大数据技术为依托的研究和应用更是层出不穷。数据逐步成为各个行业领域重要的资产之一。开发建设信息系统是信息系统生命周期中技术难度最大的环节。在开发建设环节，要将企业的业务流程、内控措施、权限配置、预警指标、核算方法等固化到信息系统中。信息系统的开发方式主要有以下几种。

1. 自行开发

自行开发是企业依托自身力量完成整个开发过程。其优点是开发人员熟悉企业情况，可以较好地满足企业的需求，尤其是具有特殊性的业务需求。通过自行开发，还可以培养、锻炼自己的开发队伍，便于后期的运行和维护。其缺点是开发周期较长、计算水平和规范程度较难保证，成功率相对较低。因此，自行开发方式的适用条件通常是企业自身力量雄厚，而且市场上没有能够满足企业需求的成熟的商品化软件和解决方案。例如，百度的搜索引擎就偏重于自行开发。

2. 外购调试

外购调试的基本做法是企业购买成熟的商品化软件，通过参数配置和二次开发满足企业需求。其优点是开发建设周期短、成功率高，成熟的商品化软件质量稳定、可靠性高，专业的软件供应商具有丰富的实施经验。其缺点是难以满足企业的特殊需求，系统的后期升级受制于商品化软件供应商产品更新换代的速度，企业自主权不强，较为被动。外购调试方式的适用条件通常是企业的特殊需求较少，市场上已有成熟的商品化软件和系统实施方案。大部分企业的财务管理系统、ERP（Enterprise Resource Planning，企业资源计划）系统、人力资源管理系统等多采用外购调试方式。

3. 业务外包

业务外包是指委托其他单位开发信息系统。其优点是企业可以充分利用专业公司的专业优势，构建全面、高效、满足企业需求的个性化系统，企业不必培养、维持庞大的开发队伍，相应节约了人力资源成本。其缺点是沟通成本高，系统开发方难以完全理解企业需求，可能导致开发出的信息系统与企业的期望有较大的偏差；同时，由于外包信息系统与系统开发方的专业技能、职业道德和敬业精神存在密切关系，因此企业必须加大对外包项目的监督力度；外包信息系统也可能泄露企业机密信息。业务外包方式的适用条件通常是市场上没有能够满足企业需求的成熟的商品化软件和解决方案、企业自身力量薄弱，或出于成本效益原则考虑不愿意维持庞大的开发队伍。

（三）信息系统开发的风险

信息系统开发至少应当关注下列主要风险：一是信息系统缺乏规划或规划不合理，可能造成信息孤岛或重复建设，导致企业经营管理效率低下；二是系统开发不符合内部控制要求，授权管理不当，可能导致无法利用信息技术实施有效控制。

1. 信息系统规划不合理

（1）系统架构无法有效服务战略规划。

企业的信息系统规划应该服从于企业总体规划，为企业总体战略规划服务。只有满足"战略、组织、技术"三项特征，把信息系统规划作为常规工作循环，才能把企业的信息化建设推到"战略、组织、技术"层次和水平。

信息孤岛现象是不少企业信息系统建设中普遍存在的问题。其根源在于，这些企业往往忽视战略规划的重要性，缺乏整体关注和整合意识。这就导致有的企业出现财务管理信息系统、销售管理信息系统、生产管理信息系统、人力资源管理系统、办公自动化系统等各自为政、孤立存在的现象，削弱了信息系统的协同效用。在实践中，对项目定义不充分是信息系统失败的重要原因之一。由于遗留系统是一个松散耦合的信息系统，因此对项目的拙劣定义只会影响一些功能性领域。但是，在一个集成的信息系统中，对项目的定义不充分会影响整个企业。很多企业没有考虑商业目标、实施战略、系统架构、技术需求、成本等就盲目采用信息技术，缺乏把信息系统和商业战略集成起来的、内在一致的实施战略而导致信息系统失败。

（2）信息技术无法有效满足业务需求。

当前基于创新技术的数字化信息系统越来越多地对业务经营活动进行自动化处理，这就需要创新技术提供必要的风险控制程序。如果内部控制呈现独立于业务活动、事后反应和检查性特征，而不能与业务活动融为一体，呈现过程监督和预防性特征，则会导致创新信息技术的应用无法有效满足企业业务需求。

2. 信息系统开发不符合企业要求

信息系统的开发通常包含项目计划、系统分析、系统设计、编制和测试、上线等环节。不同的系统开发环节面临的风险也不同。如项目计划环节的主要风险是信息系统建设缺乏项目计划或者计划不当，导致项目进度滞后、费用超支、质量低下等；系统设计环节要具备规范性和适应性，主要风险体现在设计方案不完全满足用户需求，不能实现需求文档规定的目标等；上线环节是将开发出的系统部署到实际运行的计算机环境中，是信息系统按照既定的用户需求来运转的环节，有利于切实发挥信息系统的作用，上线环节的主要风险是缺乏完整可行的上线计划，导致系统上线混乱无序等。

选择外购调试方式进行信息系统建设时，应当采用公开招标等方式择优选择供应商或开发单位。外购调试方式的主要风险环节有软件产品选型和选择供应商、选择服务提供商。如软件产品选型和选择供应商环节的主要风险在于软件产品选型是否得当，产品功能、性能、易用性等方面是否都可以满足企业的需求等；选择服务提供商环节的主要风险在于服务提供商是否选择得当，是否削弱了外购软件产品的功能，是否可以有效地满足用户的需求等。

信息系统外包风险主要由许多不确定因素造成。那么信息系统外包风险系数究竟有多大呢？暂时没有详尽的数据，不过，关于信息系统外包服务的成功率可以作为参考。高德纳咨询公司曾指出：中国的信息系统外包服务市场仍不够成熟，大约50%的信息系统外包服务合同是以不能让用户满意的方式提交的。如此高比例的信息外包不仅是一个成本决策，也是有效管理风险的战略决策。企业在进行信息系统外包时，必须正确评估并努力控制信息系统外包风险。业务外包的风险环节主要有选择外包服务商、签订外包合同和持续跟踪评价外包服务商的服务过程。

（四）信息系统开发的风险控制措施

1. 信息系统规划方面的风险控制措施

数据化管理是指对企业财务、销售、市场等各项业务进行数据分析，以数据报表的形式进行记录、查询、汇报及存储的过程，充分利用信息技术资源，为管理者提供真实有效的科学决策依据，促进企业可持续发展。当下，很多企业应用了有关信息系统规划的信息技术，如区块链、5G、大数据与云计算等技术。因此，企业数字化转型的重任，通过收集企业各部门日常运营数据，形成企业日常运营的全景图，再反馈到企业产品研发、服务流程改善、销售模式升级、优化库存等业务层面，助力提高工作效率、实现业务创新。

企业在信息系统规划的过程中，要放弃孤岛式思维，这也是企业实现从传统信息系统到数字化信息系统转型的关键。由于企业各部门从自身需求和视角来构建数据，因此出现了数据标准不一、数据相互割裂的现象，反馈到企业整体层面——导致了各业务联动成本高、协作差，且无法支撑业务快速响应；更不能成为企业高层为业务提供分析、洞察和预测的有力抓手。所以，企业数字化信息系统规划的本质是管理者站在业务链全局的视角，思考如何更科学地构建整体架构，实现基于中台数据统一、业务联动的数据风险防控机制，真正为业务创新服务和带来价值。

为了规避信息系统规划的重要风险，应当从以下三个方面入手：第一，企业必须制订信息系统开发的战略规划和中长期发展计划，并在每年制订经营计划的同时制订年度信息系统建设计划，促进经营管理活动与信息系统的协调统一；第二，企业要充分调动和发挥信息系统归口管理部门与企业业务部门的积极性，使各部门广泛参与、充分沟通，提高战略规划的科学性、前瞻性和适应性；第三，信息系统战略规划要与企业的组织架构、业务范围、地域分布、技术能力等相匹配，避免相互脱节。

2. 信息系统开发方面的风险控制措施

（1）与自行开发相关的风险控制措施。

企业在自行开发信息系统时，为保证信息系统的有效运行，必须全力做好信息系统的管理控制工作。企业应通过以下手段对信息系统进行管理控制：一是合理规划，明确信息系统开发目标；二是组织企业的有限资源，筹集、分配实现目标所需的人、财、物资源；三是对信息系统实施总体控制，如确定系统所需费用、分析系统可创造价值、控制系统人员的业务活动。

（2）与外购调试相关的风险控制措施。

企业采用外购调试方式开发企业信息系统时，需注意以下两方面的问题。一方面面临与业务外包方式类似的问题，即企业要选择软件产品的供应商和服务提供商、签订合约、跟踪服务质量，因此，企业可采用与业务外包方式类似的控制措施。另一方面外购调试方式也有其特殊性，企业需要有针对性地强化某些控制措施。如在软件产品选型和供应商选择环节，企业首先要明确自身需求，对比分析市场上的成熟软件产品，合理选择软件产品的模块组合和版本，广泛听取行业专家的意见等；在服务提供商选择时，不仅要考核其对软件产品的熟悉、理解程度，还要考核其是否深刻理解企业所处行业的特点、是否理解企业的个性化需求、是否有过相同或相近的成功案例等。

（3）与业务外包相关的风险控制措施。

目前信息系统外包关注的主要焦点是怎样有效地管理和控制信息系统外包项目的实施。在此过程中，如何降低信息系统外包风险，提高外包成功率，成为企业进行信息系统外包的重中之重。在选择外包服务商时，要充分考虑外包服务商的市场信誉、资质条件、财务状况、服务能力、对本企业业务的熟悉程度、既往承包服务成功案例等因素；在签订外包合同时，要在合同中约定付款事宜，对一些涉及商业秘密、敏感数据的，企业要与服务商签订详细的保密协议等。

4

战略风险管理：攸关企
业可持续发展

▶ 本章提要

战略一词最早被用在军事领域，随着社会的发展，其被广泛应用于经济研究领域。战略并不是"空的东西"，也不是"虚无"，而是直接关系到企业能否持续发展和持续盈利的重要决策参照系。战略管理是指依据企业的战略规划，对企业战略实施加以监督、分析与控制。企业战略与风险管理总是相互联系、互为增益的，随着市场环境的不断变化，企业面临的战略风险不断上升，要有效对企业战略风险进行管理，提升企业的战略风险应对能力就显得至关重要。

▶ 情境导入

日本八佰伴为何破产 ①

日本八佰伴（以下简称"八佰伴"）于 1930 年创业于日本静冈县热海市，经过 60 多年的苦心经营，该公司从一个经营水果蔬菜的家庭式小店，成长为大型市场连锁企业。八佰伴是一家在日本取得巨大成功的公司，在其全盛时期，八佰伴在全球 16 个国家或地区拥有 400 多家百货公司，但八佰伴却在 1997 年 9 月宣布破产了。曾经作为日本最大商业集团的八佰伴，为什么最终会破产？究其原因有以下几点。

1. 低估非核心业务所带来的风险

八佰伴的主营业务是百货和超市，但是在急速扩张的过程中，没有考虑自身的实力，逐渐偏离主业，转向房地产、食品加工、娱乐等辅业。由

---

① 朱铁成.八佰伴败在何处——日本八佰伴集团的失败案例分析 [J]. 现代商业，2009（04）.

于盲目扩大经营规模，其无暇顾及日本本土连锁店的经营管理，与此同时，也正值亚洲国家地区受金融风暴的冲击、经济向下调整时期，导致业务难以支撑企业的战略发展，成为八佰伴的负担，进而成为导致其破产的源头之一。

2. 低估战略扩张融资的风险

八佰伴在战略业务扩张的过程中，脱离银行的支持，其资金调控和筹集主要是通过在证券市场发行债券，其自身资金有限，而发行公司的债券到期必须偿还，紧张的资金链导致八佰伴在日本境内、境外投资状况与经营状况开始走向低谷。八佰伴的资金调控策略和盲目战略扩张战略，以及对战略扩张业务风险的低估，致使八佰伴最终陷入了债务危机。

3. 低估开发境外新兴市场的风险

八佰伴是家族式企业，在开发日本境外新兴市场投资决策上可能存在个人主义，其管理层在考虑日本境外新兴市场的战略上考虑得并不充分，直至脱离了市场规律，将八佰伴推上了不归路。如八佰伴在入驻巴西市场之后，于 20 世纪 90 年代初开始入驻我国，但是各种因素导致其开发日本境外新兴市场以失败告终，并导致企业破产。八佰伴在进入国际市场时，过分自信，盲目扩张，未对目标市场进行深入的调研和了解，无法根据日本境外新兴市场的实际情况做出科学合理的战略决策，是八佰伴破产的另一个重要因素。

综上所述，战略风险是影响整个企业的发展方向、企业文化、信息和生存能力或企业效益的因素。它是企业整体的、致命的、巨大的、方向性、根本性的风险。在战略风险上失误可能导致企业整体的失败或破产。企业对战略风险的管理，不仅有关企业能否实现可持续发展，也是企业能否实现高质量发展的关键环节。因此，本章从战略风险管理的过程出发，重点关注战略风险管理中的战略执行风险管理和战略变更风险管理，并提出在战略风险管理中要加入有效的监督机制和闭环反馈环节，当企业所面临的环境因素发生变化时，要结合企业自身状况，对现行战略及时地调整和变更。

战略执行风险管理：正确的执行是成功的一半

构建战略执行的监督机制

战略风险是指不确定性对企业战略目标实现的影响。理解战略风险需要注意两点：战略风险是指未来影响企业的各种不确定性事件，已经发生的确定性事件不属于企业战略风险；尽管影响企业战略的因素较多，但并不是每个事件或可能性都构成战略风险，只有当这个事件或偶然性影响到战略目标实现时，其才为战略风险。

在当代竞争激烈的市场环境中，企业是否需要制定战略这一问题的答案已经非常明确。企业战略已被提升到前所未有的高度。诸多企业都在强调战略的重要性，但是再好的战略如果在企业实践中得不到有效落实，也将一文不值。因此，企业应该将更多的时间花在战略的执行上。

（一）企业战略执行的过程

迈克尔·波特曾经说"任何战略莫胜于执行"，战略制定与战略实施过程是密不可分的，只有将合适的战略正确地付诸行动，企业战略才能真正获得成功。企业战略的执行是企业将事前制定的战略变成具体的行动，并最终实现企业战略目标的过程，即将企业战略付诸实施的过程。为此，企业应当加强对战略执行的统一领导、分解落实企业战略、不同组织部门协调运作、培训企业各层级员工、及时调整战略，以保证战略的顺利执行。

1. 加强对战略执行的统一领导

加强企业的统一领导、统一指挥是确保企业战略有效实施的关键因素之一。企业管理层作为制定和执行战略的直接参与者，企业不同层级管理人员的素质和领导作风要与战略执行要求其承担的角色相匹配。特别是企业的高层领导人员对企业的战略有更深刻的了解，对企业战略的各个方面的要求以及相互联系的关系了解得更全面，对战略意图体会最深，因此战略的实施应当在高层领导人员的统一领导、统一指挥下进行。依据"统一领导、统一指挥"的原则，发挥企业管理层在资源分配、内部机构优化、企业文化培育、信息沟通、考核激励相关制度建设等方面的协调、平衡和决策作用，确保企业战略的有效实施。

2. 分解落实企业战略

科学制定发展战略是一个复杂的过程，实施发展战略更是一个系统工程。企业战略制定后，企业管理层应当着手将发展战略分解落实、逐步细化。具体过程如下：一是根据战略规划，制订详细的年度工作计划；二是通过编制全面预算，将发展目标分解落实到技术创新、风险管控等可操作性层面，确保发展战略能够真正有效地指导企业各项生产经营活动；三是将年度预算细分为季度预算、月度预算，通过实施分析控制，促进年度预算目标的实现；四是建立激励约束机制，将各责任单位年度预算目标完成情况纳入绩效考评体系，并提供及时、准确的反馈信息，切实做到奖惩分明，促进战略有效实施。

3. 不同组织部门协调运作

战略执行过程是一个系统的有机整体，日益复杂的市场环境和激烈的市场竞争，对企业组织结构及其运行体制以及企业成员提出了越来越高的要求。企业在战略执行过程中，要充分考虑不同组织部门之间的运作范式是否与战略执行相适应，企业应当培育与企业战略执行相匹配的企业文化，优化调整组织结构和管理方式，整合企业内外部资源，确保各职能部门之间的资源分配和协作运行方式能够为企业战略的执行提供支持。

4. 培训企业各层级员工

一项新战略的出台和实施，要做好宣传和发动工作，为推进战略执行提供强有力的思想支撑和正确的行为导向。只有让广大员工了解企业战略实施的意图，并认同企业战略目标，才能调动他们的积极性和主动性，激发出他们的参与热情。因此，在战略执行过程中，企业要加强对各层级员工的培训，提高员工对战略的认同度。同时，企业要让员工清楚地理解企业的发展战略，并取得与其有关的战略意图的信息以及在其职责范围内为实施战略所必需的信息，促进企业战略的顺利实施。

5. 及时调整战略

企业应当加强对战略执行情况的实时监控，定期收集和分析战略执行过程中的相关信息，对于明显偏离战略目标的情况，应当及时报告并调整。对由于经济形式、技术创新以及不可抗力等发生重大变化而确需对企业战略做出调整的，应当按照规定权限和程序调整企业的战略。

（二）企业战略执行的关键点

战略风险是影响整个企业的发展方向、企业文化、信息和生存能力或企业效益的因素。战略风险要素是对企业发展战略目标、资源、竞争力或核心竞争力、企业效益产生重要影响的因素。在战略执行过程中，要充分考虑影响战略执行的风险因素，企业战略执行主要与下面六个因素有关，即：管理者的战略领导力、企业的组织架构、企业文化、资源结构与分配、信息与沟通、控制及激励制度。

1. 管理者的战略领导力

战略领导力是指预测事件、展望未来、保持灵活性并促使他人进行所需的战略变革的能力。战略领导力在本质上是多功能而非单一功能的，包括管理他人、管理整个组织，以应对全球经济的变化，战略领导力是企业竞争优势的重要来源。

有效的战略领导力是战略管理成功的基础。战略领导者通过形成愿景和使命来领导企业，在这一过程中，战略领导者会将目标分解到组织中的每一个员工身上，以提高业绩。此外，为了提升企业获得战略竞争力和超额利润的可能性，战略领导者还负责确保战略制定后能够得到有效实施。

2. 企业的组织架构

科学合理的组织架构是企业战略执行的前提和基础，良好且完善的企业组织架构为战略执行风险评估、战略执行控制、信息沟通以及强化战略执行的内部监督提供了组织保障。在所有组织架构中，战略和架构的匹配程度将会影响企业获得超额利润的情况。企业架构决定了战略决策的制定，并对企业内每一个人应完成的工作做出了规定。更具体地说，架构的稳定性为企业战略的执行提供了持续、前瞻性的管理日常工作所需的能力，架构的灵活性有利于企业识别战略执行的机会和威胁，促使企业通过配置资源来把握机会、清除威胁，促使企业在未来获得成功。

3. 企业文化

企业文化经常被定义为"企业成员广泛接受的价值观念以及由这种价值观念所决定的行为准则和行为方式"，这种价值观念和行为准则可能未被明确宣布，但它们通常隐含于企业成员作为其行为前提的思维模式的假设中，是已经被企业成员无意识普遍认可的。企业成员的行为会自觉地，甚至会不自觉地受到这些价值观和行为准则的影响。一些企业认为成功的企业都有一个强有力的企业文化做支撑，然而强有力的企业文化不是企业刻意追求的结果，而是企业经营者，甚至是几代经营者在企业实践中，通过自己的领导风格与行为方式对企业成员的行为产生了潜移默化的影响，从而促成了一种被企业成员广泛认同的价值观念和行为准则。

< 案例分析 >

海底捞的企业文化战略分析 [①]

四川海底捞餐饮股份有限公司（以下简称"海底捞"）成立于 1994 年，经历多年的苦心经营，于 2018 年在香港上市。截至 2021 年年底，海

―――――――

① 刘梦. 基于人性化理念的企业管理模式分析——以海底捞为例 [J]. 经营与管理，2022（09）.

底捞在全球已开设1400多家直营餐厅，其中有1300多家位于中国。经过多年的苦心经营，海底捞成功打造了集各地火锅特色于一体的优质火锅品牌。作为主营业务涵盖全国的大规模连锁餐饮公司，海底捞秉承诚实运营的宗旨，以提高食物服务质量的稳定度和安全系数为前提，为全体消费群体带来更贴心的服务质量，以及更卫生、更安全可靠、更有营养和更安心的食材。多年来，海底捞的经营秉承的口号是"服务至上，顾客至上"，全体员工也秉承全心全意为顾客提供"贴心、舒心"服务的理念。海底捞的企业文化是一种高效的情感型文化。如选拔培育有感恩之心的员工，员工对企业、对上级、对老师都有感恩之心是支撑海底捞高效率、高质量服务的根本原因。因此，怎样招聘、培养拥有这样特质的员工是很关键的。再如，营造家庭氛围，让员工将企业视为一个大家庭，让员工感受到在这个大家庭里大家都是兄弟姐妹，并且员工可以把自己的亲朋好友也介绍到海底捞这个大家庭里面来。

4. 资源结构与分配

企业战略制定和执行受制于其拥有的资源和能够整合的资源，因此企业战略管理者需要厘清自己的资源，如技术资源、组织资源等。战略管理者要组织企业的资源形成能力，构建恰当的组织结构来促进这些能力的利用，选择合适的战略使这些能力为顾客创造价值。为实现这些目的，企业需要探索和保持核心竞争力，开发并维持人力资本和社会资本。

5. 信息与沟通

信息与沟通是企业及时、准确地收集、传递与战略执行相关的信息，确保信息在企业内部、企业与外部之间进行有效沟通。信息与沟通是战略执行的重要条件。在信息传递过程中，相同口径的信息能够频繁地往返于信息使用者和信息提供者，把战略执行情况及时反馈给信息使用者，帮助信息使用者正视或者修改先前的期望，以便进一步做出战略决策。在企业战略执行过程中，要注重信息的传递与沟通，避免出现信息孤岛的现象，从而提高企业战略执行的效率。

6. 控制及激励制度

控制与激励是指企业通过激励的方式控制管理者及员工的行为，使管理者及员工的行为与企业目标相协调。激励控制强调的是通过激励调动管理者及员工的积极性和创造性。激励控制包括激励方式的选择、激励中的约束和业绩评价等事项。在战略执行过程中，掌握激励控制的最佳时机，是激励控制方法的内在要求。选择最佳时机对被领导者实施激励控制，多能收到事半功倍的效果。

（三）企业战略执行面临的风险

战略执行是企业战略管理的一个重要环节，许多企业通过有效地执行战略，建立了具有可持续性的竞争优势，提高了市场占有率，获得了较大的利润空间。虽然也有不少的企业制定了战略，明确了发展方向，但战略没有得到有力的执行，导致企业的预期目标没有实现。执行是战略的基础，决定了战略由设计变为现实。

战略执行失败的原因有很多，具体如下。

1. 缺乏有效的组织领导

在战略执行过程中，无效领导，导致战略执行不到位的风险主要体现在以下几个方面。一是战略执行过程中要求企业的每个部门与领导步伐一致，企业的相关人员要有坚持战略执行的毅力。但在现实情况中由于缺乏将战略坚持落实的毅力，不少企业虽然具有很好的思维、严密的计划、合理的思路等，但战略执行还是会失败。二是企业的高层领导者是否具有长远的眼光，会影响企业是偏重未来经营能力的再造或创造，还是强调现有生产经营能力的利用，从而影响企业战略执行的长远性。三是由于企业缺少自我控制和自我调节机制或这种机制不健全，因而在实际工作中经常出现违背统一领导和统一指挥的现象。

2. 分解落实战略不到位

分解落实战略不到位一方面是战略与预算、计划和考核机制未能有效衔接，另一方面是战略方向既定后，在实施上过于激进或保守，未进行有策略的步骤设计。因而企业应建立以战略为中心的预算、计划和考核机制，保障战略的实现，同时制订战略实施计划，有步骤、有策略地推动战略的实施。

相对于战略的其他因素来讲，战略执行措施的制定和实施更加具有柔性和变动性。外部环境不确定因素和内部环境不可控因素的相互作用使得原来制定出来的战略有可能无法有效地解决现实问题。在战略执行过程中，通常会出现战略制定者并不是战略执行者的情况，这就可能导致战略制定者的初衷并不被战略执行者理解，并导致战略执行过程中的错误。这就需要在实施战略时，对战略执行者进行绩效管理，并用反馈的信息对既定的措施进行必要的完善，这样可以有效地保证措施的正确实施。

3. 缺乏有效的跟进措施

有效的跟进措施有助于帮助企业不断提升降低其战略执行风险的能力。在战略执行过程中，如果不加约束、缺乏重点，就会让企业承受太多的风险，出现战略执行方向偏离、不符合相关法律法规等情况。同时，在战略执行风险管理目标、目的和政策的指引下，企业不同分公司、不同子公司或者不同部门的跟进措施容易出现在风险承担和风险承受能力之间不平衡的状况。例如，如果一个集团公司中业务增长的一个事业部不断地冒险创业，而根本不考虑企业对风险的承受能力，那么该事业部也许就会无视集团公司所发出的警示信号，这样一来，就有可能会使相关的业务单位，乃至整个集团公司面对一系列风险后果。因此，面对不同的部门如何制定有效的战略执行风险跟进措施尤其重要。

4. 战略执行过程中的调整风险

在企业战略执行的过程中，当企业面临不同的战略执行风险时，要结合自身的特征和不同的战略执行情况来判断企业战略是否需要调整。这时企业会面临两种不同的风险：一是明知道企业战略僵化，存在战略执行方面的问题，但还是一成不变，忽视战略的动态修订与调整；二是战略调整频繁，无法根据企业所面临的状况，对战略执行情况进行有效的判断，导致遇到一些风险马上做出调整，导致企业资源的浪费。

（四）企业战略执行的监督机制

战略制定之后，为了检验战略的执行情况，企业需要持续检查、监督、密切观察或确认战略执行过程中的风险状态，以识别企业所要求或期望的战略绩效发生变化的水平。因为没有有效地执行企业战略就无法实现企业的战略目标，所以企业必须建立一套系统的战略执行监督机制。战略执行监督机制是企业对战略的执行情况进行监督检查，评价战略执行的有效性，对发现的战略执行过程中的缺陷及时加以改进的一种机制。企业可以借助先进的信息管理平台，在企业各个层级间建立战略执行的监督机制。

1. 建立战略执行的反馈机制

企业需要建立年度、季度等定期的战略执行回顾会议机制，通过平衡记分法等战略管理工具，将战略执行效果与企业预期设定的战略目标进行对比分析，及时做出客观的战略执行评价，并找出战略执行过程中存在的差异，建立战略执行的有效反馈机制，确保战略有效无偏差地执行，保障战略顺利落地。

2. 建立完善战略管理组织机构

企业应建立完善的战略管理的组织机构，成立专门的战略委员会和战略管理部门，加强对战略执行的跟进与考核、评价。同时，至少每年度对战略环境进行一次审视，并对战略绩效达成进行一次评价，适时修订。战略风险预防是属于企业风险防控体系建设的一项重要内容，具有较强的专业性。

3. 促使员工树立战略执行意识

在战略执行过程中，要转变员工的观念。企业要召开多种形式、多个层面的内部沟通会议，员工要畅所欲言，领导要答疑解惑，通过不断沟通，为战略执行创造一个良好的氛围。在战略执行过程中，企业要做好制定政策、拟定年度目标、配置资源、优化组织结构等管理工作。只有坚定不移地执行才能够实现战略目标，战略执行的成败直接关系到企业是否能够存续。

4. 加强对战略执行情况的监控

一个企业主体的风险管理会随着时间而变化，所以监控企业风险管理，需要随时对其构成要素的存在运行进行评估。企业对战略执行情况的监测与评审是企业战略风险管理过程的重要部分。监控可以分两种方式进行：持续监控活动或者专门评价。持续监控活动包含于一个主体正常的、反复的持续活动中，往往可以在风险发生前发现并采取控制活动。持续监控被实时地执行，动态应对变化的情况，并且根植于主体之中。由于专门评价发生在事后，利于总结，所以许多主体虽然有着良好的持续监控活动，但也会定期对企业战略执行风险管理进行专门评价、自我评估。

落实战略执行的闭环反馈

由于经济环境的动态性、不确定性日益加剧，企业制定原有战略时的环境条件已经发生变化，这时就需要企业对战略进行动态调整。此时，如何落实战略执行的闭环反馈就显得十分重要。企业战略的反馈与评价就是企业把战略实施后所产生的实际效果反馈到企业高层，以便第一时间发现战略执行过程中是否出现了偏差，有利于企业在第一时间采取战略纠偏的措施，以达到企业预期的战略目标。

（一）确定战略执行的评价标准

企业在落实战略执行情况的反馈工作之前，首先要明确战略执行情况反馈的目的和要求，反馈的直接目的是检验企业战略执行的效果，最终目的是服务于企业战略风险管理的目标，因此，明确战略执行情况的评价标准是落实战略执行闭环反馈的关键步骤，直接影响战略执行反馈工作的效率和效果。

评价标准被用来确定战略措施或计划是否达到战略目标。一般来说，企业的战略目标就是整个企业的评价标准，在制定战略时就应该确定。此外，在较低的组织层次上，个人制定的目标或制订的生产作业计划都属于评价标准。评价标准同战略目标一样，应当是可定量、易于衡量的。合适的战略评价标准体系主要来源于企业所确定的战略目标及其具体实施的战略。例如，采用增长战略的企业评价标准体系，与采用更新战略的企业评价标准体系可能完全不同。

（二）评价战略执行的绩效

评价战略执行的绩效是指将实际战略业绩与确立的战略评价标准相比较，找出实际业绩与评价标准的差距及其原因。这是发现战略实施过程中是否存在问题、存在什么问题，以及为什么存在这些问题的重要阶段。通过评价战略执行绩效发现问题，必须对问题产生的原因采取纠正措施，这是战略控制的目的所在。如果战略执行的绩效令人满意，就不必采取纠正措施；相反，如果战略执行的绩效令人不满意，企业就必须找出战略执行的偏差在哪里以及为什么会出现这些偏差，并及时加以纠正、对战略进行变更。

（三）战略执行的反馈和纠偏

战略执行与战略规划不同，企业战略执行明显注重执行过程中的细节。企业成立的战略风险管理机构有助于企业不断地提升其管理主要风险的能力，并通过建立战略执行的反馈机制，来帮助企业及时发现战略执行过程出现的问题，并及时纠偏。同时，战略执行的及时反馈，可以协助董事和首席执行官在风险承担和风险承受能力之间取得平衡。管理层面临的挑战就是如何使企业的创业活动与企业的控制活动保持均衡，避免两者间出现悬殊。

战略变更风险管理：风浪中的大船转向

环境变化如何影响战略

天下战略，唯"变"永恒。作为提出公司战略、战略管理等系统理念和范式的第一人，安索夫提出了"战略管理是一种权变理论"。企业要取得经营绩效的最优化，应综合考虑所处环境的复杂程度，以及未来外部环境可能发生的诸多变化，动态地采取有针对性的相应措施，从而使企业战略有效地根据环境变化而及时调整。对企业的外部环境和内部环境的有效诊断，是管理者成功制定战略的先决条件。企业通过外部环境分析来判断企业的外部机会与威胁，通过内部环境分析来判断企业的优势和不足。

（一）外部环境变化对战略的影响

战略管理的目的是发展一系列有实用价值的理论和程序，使企业可以凭借这些理论和程序做出战略决策，将企业的资源配置到具有最大潜在投资回报的产品市场中去。企业的战略基点是适应环境。能否灵活有效地利用内部资源、动态地适应外部环境的变化，是企业战略模式成败的关键因素。

企业的外部环境是企业追求其目标实现时所处的外部状况。战略风险管理的"外部环境"是指企业范围外的环境，这些外部环境可能会对企业战略风险管理的决策造成影响，并且这些外部环境是不受企业控制的。企业外部环境分析包括对特定时期内所有处于企业之外而将对企业的生存和发展产生影响的各种因素进行分析，如宏观环境分析和产业环境分析等，其目的是在分析外部环境的基础上明确外部客观条件允许企业做什么，以及企业可以利用外部客观条件做什么。

1. 宏观环境分析：PEST 分析法

企业外部环境中涉及范围最广的因素是宏观环境因素，其对不同组织所产生的影响，在范围、程度、作用上都可能不同，甚至大相径庭。例如，一项新出台的政策可能给某些企业带来了新的机会，却可能对其他某些企业构成了威胁。常采用 PEST 分析法对宏观环境进行分析，如图 4-1 所示。

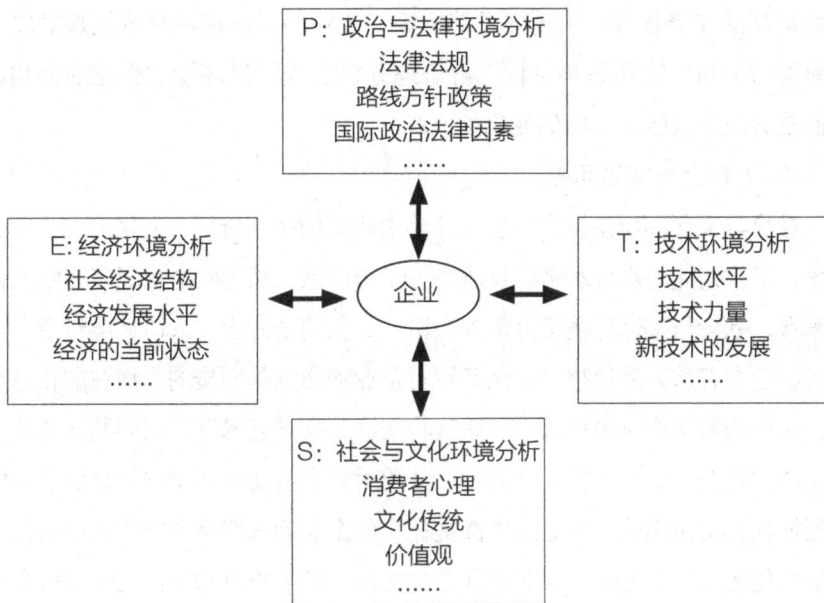

图 4-1　PEST 分析法

（1）政治与法律环境。

政治与法律环境是指一个国家或地区的政治制度、体制、方针政策、法律法规等。这些因素常常制约、影响企业的经营行为，尤其是影响企业较长期的投资战略。具体来说，政治环境主要包括国家的政治制度与体制，政局的稳定性以及政府对外来企业的态度等因素；法律环境主要包括政府制定的对企业经营具有刚性约束力的法律法规，如《中华人民共和国反不正当竞争法》《中华人民共和国环境保护法》等。

（2）经济环境。

经济环境是指构成企业生存和发展的社会经济状况，社会经济状况包括经济要素的性质、水平、结构、变动趋势等多方面的内容，涉及国家、社会、市场及自然等多个领域。构成经济环境的关键战略因素包括：GDP的发展趋势、利率水平的高低、财政货币政策的松紧、通货膨胀程度及其趋势、失业率水平、居民可支配收入水平、汇率升降情况、能源供给成本、市场机制的完善程度、市场需求情况等。企业的经济环境分析就是对以上因素进行分析，运用各种指标，准确地分析宏观经济环境对企业的影响，从而使其战略与经济环境的变化相匹配。

（3）社会与文化环境。

社会与文化环境是指企业所在社会中成员的民族特征、文化传统、价值观念、宗教信仰、教育水平以及风俗习惯等因素。从影响企业战略制定的角度来看，社会与文化环境可分解为人口、文化两个方面。人口环境对企业战略的制定有着重大的影响。文化环境对企业的影响是间接的、潜在的和持久的，文化的基本要素包括哲学、语言与文字、文学艺术等，它们共同筑成文化系统，对企业文化有重大的影响。企业对社会与文化环境进行分析的目的是要把社会文化内化为企业的内部文化，使企业的一切生产经营活动都符合环境文化的价值。另外，企业对社会与文化环境的分析与关注最终要落实到对人的关注上，从而有效地激励员工，有效地为顾客服务。

（4）技术环境。

技术环境指的是企业所处的社会环境中的技术要素及与该要素直接相关的各种社会现象的集合，技术不仅指那些引起时代革命性变化的发明，还指与企业生产有关的新工艺、新材料的出现和发展趋势以及应用前景。变革性的技术对企业的经营活动产生着巨大的影响。技术进步创造新的市场，改变企业在行业中的相对成本及竞争位置，为企业带来更为强大的竞争优势。企业要密切关注与本企业产品有关的科学技术的现有水平、发展

趋势及发展速度，对于相关的新技术，如新材料、新工艺、新设备或现代
管理思想、管理方法、管理技术等，企业必须随时跟踪，尤其对高科技行
业企业来说，识别和评价关键的技术机会与威胁是宏观环境分析中最为重
要的部分。

2. 产业环境分析：波特五力模型

宏观环境是企业的间接环境，产业环境则是企业所处的直接环境，
会对企业行为和绩效产生直接影响。产业环境分析的基本目的就是要评
价一个产业的总体经济吸引力。处于经济上极具吸引力产业中的企业，
其平均绩效将优于处在经济上缺乏吸引力产业中的企业。因此，产业环
境分析不仅要把握现在，还需要对产业前景进行预测，以抢占制高点并
取得先发优势。

企业识别和分析产业环境可以使用迈克尔·波特的"波特五力模型"。
该模型为系统分析产业环境中各种竞争要素提供了工具，帮助管理者进行
战略性的思考。波特五力模型的五个维度分别是潜在进入者的威胁、替代
产品的威胁、供应商讨价还价的能力、购买者讨价还价的能力以及同业竞
争者之间的竞争程度，具体如图 4-2 所示。

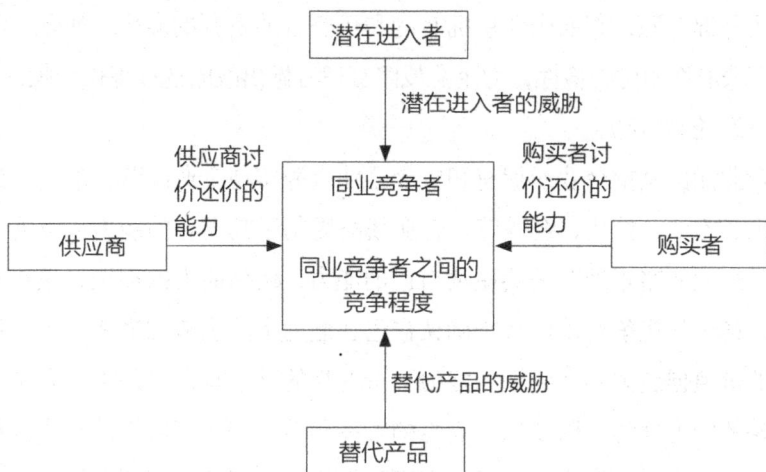

图 4-2　波特五力模型

（二）内部环境变化对战略的影响

企业内部环境是企业追求其目标实现时所处的内部状况，是企业在追求战略目标实现过程中影响战略目标实现的内部因素，是企业战略风险管理其他构成要素的基础，为其他要素提供约束。企业内部环境包括企业内部可能影响风险管理的任何事情。一个企业要想取得战略风险管理上的成功，不可忽视内部环境的建设。企业内部环境分析的真正目的是决定如何通过对企业现有的资源进行某种形式的配置和整合以发挥和强化竞争优势，为客户创造更大的价值。

1. 内部环境的要素分析

（1）资源分析。

企业的资源有些是有形的，有些是无形的。企业资源分析是对企业现有资源的数量和利用效率，以及资源的应变能力等方面的分析，以便明确形成企业核心能力和竞争优势的战略性资源。企业通过与竞争对手比较来确认自己在资源上的优劣势、评价资源优势的价值创造能力和可持续性。资源分析的核心目的是基于企业现行战略面临的问题，考虑企业外部环境分析所提供的可选择性，认清企业自身的资源优势和劣势，分析企业可以整合的外部资源，判断企业所拥有的和可整合的资源的多少、质量、稀缺性、可获取性和可转移性，为企业战略管理者做出战略选择提供依据。

（2）能力分析。

企业能力是指企业所拥有和整合企业资源实现企业经营目的所需的各种知识、方法、技巧、经验等。企业战略受制于其拥有的能力以及能力的整合。企业战略管理者需要厘清自己的能力，包括能力的类型、数量和强弱等，通过与竞争对手比较来确认自己在能力上的优势和劣势、评价能力优势的价值创造力和持续性。能力分析的目的是了解自己是否具有实现现有战略的能力优势，以及通过能力的发挥和整合来形成所需的能力优势。企业能力是企业有形资源、无形资源和组织资源等各种资源有机组合的结果，主要由研发能力分析、生产管理能力分析、营销能力分析、财务能力分析和组织管理能力分析五个方面构成。

（3）核心能力分析。

企业的资源和能力是企业发展的内部基础，但有了资源和能力并不代表企业就具有竞争优势。因此，在完成了资源和能力分析以后，要确定企业的哪些资源和能力更具有竞争力，以及它们在多大程度上支持企业获取优于竞争对手的可持续竞争优势。那些有价值的、稀缺的、难以模仿的和不可替代的资源和能力就形成了企业的核心竞争力，可以增加企业战胜竞争对手的竞争优势。在企业实践中，由于资源有限，一个企业不可能面面俱到，只有开发出自己的特色产品，才能在竞争激烈的市场中占有一席之地。

2. 内部环境分析的方法

（1）价值链分析。

价值链的概念是由迈克尔·波特在《竞争优势》一书中首次提出的，指的是企业将投入要素转换为产出所涉及的内部活动。企业在价值链上的每一项活动都可以增值，原材料和其他投入最终都会转换为提供给客户的产品或服务的组成部分。通过价值链分析，可以了解运营过程中的哪些环节可以创造价值，哪些环节不能创造价值。

资源、能力和核心能力是企业内部环境分析的基本对象，而价值链分析是一种能够帮助企业正确识别和评价企业资源与能力、发现竞争优势、制定竞争战略的有效方法。价值链分析是企业一系列输入、转换与输出的活动序列集合，每个活动都有可能对最终产品产生增值行为，从而提高企业的竞争地位。企业采用的信息技术和关键业务流程的优化是实现企业战略的关键。企业通过在价值链过程中灵活应用信息技术，发挥信息技术的势能作用、杠杆作用和乘数效应，可以增强企业的竞争能力。

（2）业务组合分析。

业务组合分析是对企业的产品和服务的全面评估。这种评估的目的是确定企业应将其投资和业务活动的重点放在哪里。企业可以聘请第三方企业来执行这项工作，或者可以在管理层关键成员的协助下进行内部重组。业务组合分析可以作为重组计划的一部分，有利于改善商业战略、降低成本，使企业更有效地运行。

业务组合分析的第一步是确定业务组合的内容。对于没有持股的单一业务，这可能是一项相对简单的任务，因为提供的任何产品和服务都很容易列出。对于有细分机构的企业、专门从事其他活动的部门，业务组合分析相对困难，在这种情况下，分析师必须仔细追踪投资组合中的所有资产，以获得详细而完整的信息。

< 案例分析 >

华为与福田汽车战略联盟风险分析 [①]

北汽福田汽车股份有限公司（以下简称"福田汽车"）成立于1996年，1998年6月在上海证券交易所上市，是我国品种最全、规模最大的商用车企业。华为技术有限公司（以下简称"华为"）成立于1987年，是一家生产、销售通信设备的民营通信科技企业，是全球领先的信息与通信技术（Information and Communication Technology，ICT）解决方案供应商。

2019年4月17日，福田汽车和华为就构建商务车全智能化体系签署了战略合作协议。此战略协议的签订有助于双方优势互补，整合协同优势资源，如华为可以借助福田汽车的汽车智慧互联平台在车载计算系统等信息化领域开展战略合作，福田汽车可以借助华为云计算创新技术丰富汽车智能系统。福田汽车和华为的战略合作，从某种程度上也开启了5G时代的智能互联战略合作布局。

伴随着我国"5G+车联网"的刚刚起步，福田汽车和华为的战略合作在享有巨大利益的同时，也面临着这样或那样的风险。一是政治风险，在当前的国际形势下，华为的芯片供应陷入了困境，使得两个公司的战略合作步履维艰，风险倍增。二是创新技术调整风险及其本身应用所带来的风

---

① 张潆予. 华为与福田汽车战略联盟效应与风险分析 [J]. 产业创新研究，2019(08).

险，目前我国"5G+车联网"处于起步阶段，技术的研发会给两个企业带来巨大的压力，如何抓住车联网风口、共担研发成本和风险等潜在战略合作缺口，以及新型技术所面临的信息安全风险，亟须双方共商解决。三是行业竞争，"5G+车联网"属于新型领域，引发了越来越多的企业关注，华为和福田汽车不仅会面临行业内部的激烈竞争，还会面临潜在竞争对手的竞争。如何使两个企业的战略合作效益达到最大，实现战略联盟的协同效应也是两家企业要解决的问题。在竞争激烈的"云服务+汽车"行业中，华为有可能通过与其他汽车企业合作而解除与福田汽车的战略联盟。

现行战略的及时调整

（一）了解什么是战略变革

安索夫于 1965 年首次提出战略变革的概念，认为战略变革是企业对产品、市场领域的再选择和对其组合的重新安排。而企业的战略调整是企业经营发展过程中对过去选择的、目前正在实施的战略方向或线路的改变。尤其在当今世界，高新技术迅猛发展、经济全球化步伐加快、国内外政治经济凸现新的发展态势。这一客观形势要求业界精英们不断改造自己的思维、丰富自己的思想以迎接前所未有的挑战。面对日益复杂的环境、企业复杂系统的制约以及企业所处成长阶段等因素的影响，企业需要根据不同的情况及时对现行战略进行调整。

（二）战略变革的种类

1. 按照战略调整的范围和程度分类

企业战略的实施要求与企业组织结构的变化相适应。企业为了适应环境变化而实施的变革，按其范围和程度可以分为革命式变革和渐进式变革。

（1）革命式变革。

革命式变革是指为了应对内外部环境变化，企业现有系统、经营模式或做事方式发生实质性变化，如企业转型、重组和业务流程再造等。革命式变革能够以较快的速度达到目的，因为这种变革模式对战略进行的调整是大幅度的、全面的，是超调量大的，所以变革速度就会较快；与此同时，超调量大会导致战略的平稳性差，甚至会导致战略无法实施。革命式变革既可能是企业重大决策的结果，也可能是渐进式变革长期积累所导致的。

（2）渐进式变革。

渐进式变革是指为了应对内外部环境的变化，企业现有系统当中的某些部分发生持续、稳步前进的变化，如报销程序的变化、产品线的调整和信息系统的升级等。渐进式变革通过局部的修补和调整来实现。渐进式变革不改变企业现有系统、经营模式或做事方式的实质。

革命式变革与渐进式变革的比较，如表4-1所示。

表4-1　革命式变革与渐进式变革的比较

类别	具体内容		
革命式变革	在企业战略管理周期中不常发生	全面大幅度转变	影响企业整个体系
渐进式变革	在企业战略管理中常常发生	稳定地推进变化	影响企业体系的某些部分或局部调整

2. 按照战略变革的具体内容分类

（1）技术变革。

技术变革往往涉及企业的生产过程，使得同样的一批投入能得到更多的或更好的产出。技术变革包括工作流程和使用方法及设备的改进，开发使企业有能力与竞争对手抗衡的知识和技能。早期的科学管理方法就包括实施那些有利于提高生产效率的变革，如今的技术变革通常包括新的设备、工具或者方法的引进，自动化及计算机化。

（2）产品和服务变革。

产品和服务变革是指企业产出的变革，包括开发新的产品、改进现有产品或服务，在很大程度上影响着市场机会。

（3）结构和体系变革。

结构和体系变革是指企业运作的管理方法的变革，包括结构变化、政策变化和控制系统变化。例如，当国民经济增长速度的变化、产业结构的调整、政府经济政策的调整、科学技术的发展引起产品和工艺的变革等变化时，必然要求企业组织结构做出适应性的调整。

（4）人员变革。

人员变革包括态度、期望、认知和行为的变化。这些变化并不容易，最终目的是确保员工能够更加积极地工作，从而更好地完成企业目标。

变更战略的分析与选择

（一）变更战略的因素分析

公司战略态势的选择会对企业的未来产生重大的影响，因而做出这一决策时必须非常慎重。在实际工作中，企业管理者往往在对各项可能的战略态势进行全面评价以后，发现好几种方案都是可以选择的，在这种情况下，有一些因素会对最终决策产生影响，这些因素在不同的企业和不同的环境中起到的影响是不同的，但了解这些因素对企业管理者制定合适的战略方案来说是非常必要的。总的来说，战略调整是一种特殊的决策，是对企业过去决策的追踪。这种追踪决策受到企业过去的战略、管理者对风险的态度、日益复杂的环境、企业文化和内部权势关系、利益相关者和竞争者的反应等因素的影响。

1. 企业过去的战略

对大多数企业来说，过去的战略常常被当成战略选择过程的起点，这样做的结果是，进入考虑范围的战略数量会受到企业过去战略的限制。同时由于企业管理者是过去战略的制定者和执行者，因此他们常常不倾向于改动过去战略，这就要求企业在必要时撤换某些管理人员，以削弱失败的战略对企业未来战略的影响。

2. 管理者对风险的态度

企业管理者对风险的态度影响着对企业战略态势的选择。风险承担者一般采取一种进攻性的战略，以便在被迫对环境的变化做出反应之前做出主动的反应。风险回避者一般采取一种防御性的战略，只有环境迫使他们做出反应时，他们才不得不这样做。风险回避者相对来说更注重过去的战略，而风险承担者则有着更为广泛的选择。同时，企业管理者的价值观念和行为偏好不仅会影响企业对不同经营领域或方向的评价与选择，而且会影响企业在既定方向下的技术路径与水平以及企业对职能活动重点的选择，从而不仅影响企业对市场环境的适应，而且影响企业在适应过程中对风险的态度。

3. 日益复杂的环境

环境是企业的外生全部因素，是对企业经营业绩产生持续影响的各种外部力量的综合。企业生存在一个受到股东、竞争者、客户、政府、行业协会和社会的影响的环境之中。企业对这些环境中的一个或多个因素的依赖程度也影响企业战略管理的过程。同时，环境的动态性、复杂性会促使企业通过不断变更战略来应对变化的威胁，从而寻求未来生存的空间。

4. 企业文化和内部权势关系

任何企业都存在着或强或弱的文化。企业文化和企业对战略态势的选择是一个动态平衡、相互影响的过程。企业在选择战略态势时不可避免地要受到企业文化的影响。企业选择的未来战略只有在充分考虑到与企业文化和未来预期的企业文化相互包容和相互促进的情况下才能被成功实施。另外，企业中总存在着一些非正式的组织。由于种种原因，某些组织成员会支持某些战略，反对另一些战略。这些成员的看法有时甚至能够影响战略选择，因此在现实的企业中，有关战略态势的决策或多或少都带有这些力量的烙印。

5. 利益相关者和竞争者的反应

利益相关者能够影响企业战略的制定，他们的意见将作为战略决策时考虑的因素。只有不断开发新产品，为顾客提供更多价值并提高经营效率，企业才能发展壮大，从而增加股东价值。

在选择战略态势时，还必须分析和预计竞争者对本企业不同战略方案的反应，企业必须对竞争者的反击能力做出恰当的估计。在寡头垄断的市场结构中，或者市场上存在着一个极为强大的竞争者时，竞争者反应对战略选择的影响更为重要。

（二）变更战略的选择

企业战略就是对企业长远发展方向、发展目标、发展业务及发展能力的选择及相关谋划。企业制定战略的目的就是解决企业发展问题，实现企业的长远发展。当企业目前执行的战略不再适合企业的发展目标时，企业就需要对战略进行调整。企业不同管理层级，变更战略的选择也不同。变更战略的具体选择情况如下。

1. 企业层战略的选择

企业层战略是企业最高层次的战略，是企业整体的战略规划。企业层战略的目标是确定企业未来一段时间的总体发展方向，协调企业下属的各个业务单位和职能部门之间的关系，合理配置企业资源，培育企业核心能力，实现企业总体目标。企业层战略主要考虑的问题是企业业务是应当扩张、收缩，还是应当维持不变。企业层战略可以在扩张型战略、稳定型战略和收缩型战略之间进行选择。

2. 业务层战略的选择

业务层战略是指在特定的一个业务或行业内，企业用于区分自己与竞争对手业务的方式，是企业的一种局部战略，也是企业战略的子战略。例如现代大型企业一般同时从事多种经营业务或者生产不同的产品，有若干独立的产品或市场部。各个业务部门的产品和服务不同，导致各部门在参与经营活动过程中所采取的战略也不尽相同，各经营单位有必要制定指导本单位产品或服务经营活动的业务层战略。业务层战略需要考虑的是企业在市场竞争中如何营造、获取竞争优势。业务层战略可以在总成本领先战略、差异化战略和专一化战略之间进行选择。

3. 职能层战略的选择

职能层战略是第三个层面的战略，是为贯彻、实施和支持企业层战略与业务层战略而在企业特定的职能管理领域制定的战略。其内容比业务层战略更为详细，其作用是使企业层战略和业务层战略的内容得到具体的落实，并使各项职能之间协调一致。该层次的战略选择侧重于企业内部特定职能部门的经营效率与效益，如研发、采购、生产、销售、财务等部门。职能层战略在更小的层面上运行，从各部门的战略执行层面考虑，以实现企业总体和业务层的战略目标。

‹ 案例分析 ›

H 公司陷入战略迷途 ①

H 公司成立于 1928 年，总部设在美国伊利诺伊州绍姆堡，是世界财富百强企业之一，曾一度每隔 10 年便开创一个新的工业领域，是全球芯片制造、电子通信的领导者。2003 年，H 公司手机在品牌竞争力排名中处于第一位，但在 2008 年第一季度全球手机销量下降 39%，手机部门亏损 4.18 亿美元，在中国的市场占有率也由 1995 年的 60% 以上跌至 2007 年的 12%。是什么导致了这样一家有着煊赫历史的企业陷入战略迷途呢？

1. 败于"铱星"技术系统战略的实施

H 公司于 1987 年在美国政府的帮助下开始研发名为"铱星"的卫星移动通信星座系统。"铱星"的科技含量非常高，但是其系统技术的先进性导致 H 公司每年为了维护系统就要花费几亿美元，系统本身就有很大的风险，研发和维护成本过高。系统的高昂费用，导致铱星手机的价格也过高，消费者要购买一部 H 公司铱星手机需要支付约 3000 美元，加之高昂的通话费用，导致消费者数量较少。此后，H 公司也采取了相应的措施予以弥补，可是为时已晚。本来想借着新型通信技术在市场竞争中获得优势地位的 H

---

① 于维勇.解析"H 公司"的战略迷途 [J]. 时代经贸，2009（12）.

公司的梦想破灭了。

2. 营销战略失误

H 公司第二个战略的失误体现在营销上，主要体现在以下几点：一是 H 公司长时间依赖其经典手机 V3，未对手机市场进行细分；二是由于长时间依赖固有产品，新品研发跟不上，面对竞争激烈的市场环境，H 公司不得不采用降价的方式来提高销售量，这让 H 公司失去了忠实消费者的信任；三是 H 公司的技术跟不上市场的发展，无法满足消费者的需求，值得一提的是 H 公司 V3 手机的键盘设计虽然经典，但再经典的东西被反反复复拿出来用，也会引起消费者的视觉疲劳，甚至会让消费者产生抵触情绪。

3. 组织结构不能支持战略的发展需要

H 公司本是一个重视企业产品规划的公司。H 公司在开发一款新产品之前，会提前数月调研消费者的需求。这本是一件好事，但是由于手机产品更新换代比较快，制造商想要提前预测消费者的需求就显得非常困难。加之 H 公司内部唯"技术论"，研发与市场需求容易脱节，虽然 H 公司由市场部门专门负责收集消费者需求的信息，但在技术导向型的企业文化里，消费者的需求很难被研发部门真正了解。与此同时，H 公司内部产品规划战略上的不统一、不稳定导致企业在生产、采购、规划等内部运营环节有战略执行的难度。

第二篇

风险管理实战篇

5

投融资风险管理：企业生存发展的生命线

▶ **本章提要**

　　企业的投融资风险管理是公司整体战略的重要组成部分，只有投融资
风险管理战略与其他职能战略协调统一，才能保证公司整体战略的成功。
企业的投融资风险管理是企业生存发展的生命线，企业的投资或者融资一
旦出现任何问题，将会对企业产生致命打击。

▶ **情境导入**

大农业梦下的百亿负债局[①]

　　I 集团成立于 1992 年，经过近 30 年的发展，在全国各地成立了 140
多个经营实体，连接了 1 000 多万亩优质林果、蔬菜、粮食、畜禽等种植
养殖基地，建立了基本遍布全国的销售网络，构建了农工商紧密结合、一、
二、三产业互相支撑的全国性农业产业化经营体系。I 集团以果汁产业为主
体，形成了 I 果汁公司、I 果业公司、I 农业公司互相促进、共同发展的产
业格局。

　　其中，I 果汁公司作为果汁行业的佼佼者，2019 年伊始，接连披露了
公司正在面临的还债难题，先是 1 月 24 日公告 10 亿元可换股债券本息违
约，随后 2 月 22 日再次公告了 2 亿美元优先票据利息支付困难。这两个事
件很有可能成为压垮 I 果汁公司的最后一根稻草，引爆 I 果汁公司的整个资
金链问题。当年的果汁大王为何沦落至此？

　　1. 并购失败埋下债务危机

　　2008 年 9 月 3 日，可某可乐公司宣布，拟以每股现金作价 12.2 港元，

---

① 屈丽丽 . I 果汁公司：大农业梦下的百亿负债局 [N]. 中国经营报，2019-03-16.

总计约 179.2 亿港元（约合 24 亿美元）收购 I 果汁公司的全部已发行股份及全部未行使可换股债券。为配合这一收购，I 果汁公司不仅在上游领域进行了大量投资，同时 I 果汁公司也大幅削减了与可某可乐重复的销售渠道及销售人员。

2009 年 3 月 18 日，商务部认定可某可乐收购将对竞争产生不利影响，依据《中华人民共和国反垄断法》做出了禁止收购的裁定。在此之后，I 果汁公司不得不重新建立销售渠道，员工暴增上万人。原先定位为原材料供应商进行的大量投资出现问题，加上产销不平衡带来的产能利用不足，直接影响了 I 果汁公司的利润。自此之后，作为果汁业龙头的 I 果汁公司一蹶不振，业绩停滞不前。

2. 财报凸显债务危机

2011 年政府补贴为 2.01 亿元，占净利润总额的 64%；而 2012 年和 2013 年政府补贴的额度甚至超过净利润总额。2013 年，I 果汁公司的年报虽然显示业绩净利 2.29 亿元，但扣除出售成都和上海工厂的收益 4.26 亿元和政府补贴 2.25 亿元，I 果汁公司实际业绩仍为亏损。2017 年同样如此，在未经审计财报中 I 果汁公司的净利润为 1.35 亿元，但这里面有 1.3 亿元是融资收入（外币汇兑），0.3 亿元为政府补贴。未经审计的 2017 年财报也显示：2017 年 I 果汁公司的利息支出已达 5.46 亿元，超过 1.35 亿元的净利润的 4 倍。正是这种状态，让 I 果汁公司在很长一段时期不得不陷入"拆东墙补西墙"的模式，而高市场占有率下的低利润率，让其无法从债务的旋涡中完全跳出来。

3. 自身"造血"功能上不去

I 果汁公司盈利困境很大程度上源自早年的定位错误，当年大包装的低价模式面对的主要是三、四线城市和农村市场，缺少高端用户的定位以及定价机制。虽然全国的平均市场占有率也很高，但是高市场占有率的地区有限，这也导致了其在定价上有所制约。

I 果汁公司在本就狭窄的果汁领域再次细分市场，不但犯了"左右互博"的大忌，也忽略了不断涌现的新品牌以及鲜榨果汁店的冲击。而且 I

果汁公司多年形成的央视广告模式塑造了相对单一的品牌打造计划，忽略了其他新兴用户推广计划，然而伴随用户市场的多元化以及认知个性化，单一广告模式不但无法有效触达更多的目标用户，而且增大了其广告支出。

毫无疑问，对 I 果汁公司来说，盈利问题是一个涉及全方位的系统性问题。"造血"能力上不去，再加上早年的投资失败，单纯的举债模式和资产出售模式难以让 I 果汁公司真正摆脱危机。在竞争越来越激烈的市场环境下，任何一个企业都面临着这样或那样的投融资风险，这些风险或多或少地会给企业带来损失或收益。如何分析企业所面临的投融资风险，以及如何对企业的投融资风险进行管理，就显得至关重要，本章将对上述问题做出进一步阐述。

上市公司的高质量发展：投资者也很重要

财务报告披露风险

（一）财务报告信息披露

财务报告作为企业财务的晴雨表，是企业会计信息披露的主要内容，是企业正式对外解释和表述财务信息的书面文件。现行的财务报告体系与工业经济环境相适应，以有形资产的确认、计量和报告为核心，体现了企业自身的财务状况、盈利能力以及发展前景，对于吸纳社会资本具有重要的参照作用。

财务报告的信息披露是指企业对外发布有关其财务状况、经营绩效或发展前景的信息。财务报告中的会计信息是企业财务分析的基础，尤其是关于企业盈余的会计信息经常被用于企业绩效评价和企业未来发展评价，也用于高管考核与高管薪酬制定；会计信息是各类评估报告、估值模型的数据来源，是资本市场的重要基础信息之一。

财务报告的信息披露作为一种重要信号，为利益相关者及相关研讨人员提供信息，利于市场参与者分析评价企业。财务报告信息披露，包含了上市公司的经营成果、财务状况、现金流量情况，向会计信息使用者解释、说明、推销了整个企业。

（二）信息披露的局限性

财务报告中的会计信息质量是指会计信息满足信息使用者需求的特征

的总和。对于上市企业本身而言，高质量的会计信息能够促使管理层更好地管理企业，提高企业地位，吸引市场资金流入企业，降低企业资本成本。

1. 财务报告只能反映企业过去的经营情况和资金变动

企业各类经济实体编制的财务报告都是以历史成本为计量基础的历史性财务报告，无法反映企业未来的经营状况和资金变动情况。历史性财务报告具有两个明显特点：一是信息容易取得且成本较低；二是可验证性强，具有一定的可靠性。所以，历史成本的重要地位长期以来在财务报告中不可撼动，然而历史性财务报告也存在不容忽视的局限性，即历史性的数据贯穿一系列的加工处理，而会计处理方法的可选择性使得主观判断和必要的估计在所难免，会计人员无意或有意的行为会使会计信息的反映并不真实。

2. 财务报告无法反映企业的非财务信息

货币计量使得财务报告不能全面反映企业的价值。财务报告以货币计量使企业在经营活动中的许多不能用货币计量的事项不能被反映。在经营活动中有许多事项是非财务性的，如人力资源、企业文化、企业商誉以及企业创新能力等会给企业的经营发展带来重要影响的非货币性信息被排斥在信息系统之外，不能在现行的企业财务报告中予以反映，从而使得不少企业的潜在价值被严重低估，大大削弱了会计信息的决策有用性。

（三）信息披露的要求

财务报告对企业的财务情况要有一个详细的记录和分析，以便为企业之前的财务情况做一个总结并为企业以后的发展做一个周密的财务规划，因此，不同的利益主体对企业财务报告的信息披露是有要求的。参照《中华人民共和国公司法》《中华人民共和国证券法》等法律规范的相关规定以及证券监管部门的相关要求，对于企业财务信息披露质量要求，公认的有真实性、准确性、完整性、及时性和公平性等，而"真实、准确、完整、及时、公平"也是证监会一贯坚持的信息披露原则。

1. 真实性

真实性是企业对财务信息披露的最基本的要求，也是资本市场持续稳定发展的关键，只有以客观事实为依据，准确无误地反映企业的经营与财务状况，才能发挥信息披露的作用。如果信息失真，会伤害投资者、债权人、社会、国家以及企业自身的利益，会对资本市场产生恶劣的影响。

财务造假严重挑战信息披露制度的严肃性，严重毁坏市场诚信基础、破坏市场参与者的信心和损害投资者利益。企业舞弊风险通常表现在财务造假风险与内控风险上，主要集中在以下领域：收入虚增或隐瞒、成本与费用造假和内部控制重大缺陷。例如，证监会 2020 年 5 月公布的 2019 年证监稽查 20 起典型违法案例，其中包括 3 起财务造假案例。

2. 准确性

准确性是指企业披露财务信息时应当清晰明了，便于投资者等财务报告使用者理解和使用。准确性不仅强调已公开财务信息与企业财务信息所反映的客观事实之间的一致性，还强调财务信息发布者与财务信息接收者之间，以及各个信息收受者之间对同一信息在理解上的一致性。

3. 完整性

企业的财务报告信息披露应具有完整性。财务报告信息披露的完整性是指为达到公正，反映企业经济事项及其影响所必要的信息都应充分提供，并使财务报告使用者易于理解与决策。完整性披露一要全面，二要适当，三要有效。

企业财务报告披露信息的局限性，导致企业的信息相关性差。现有财务报告提供的会计信息往往只注重披露历史资料，不加入对未来发展的预测信息，致使财务报告使用者并不能从数据中得出足够的相关信息，如大部分财务报告使用者关心的企业前景等信息。再如，知识经济时代企业的经济资源日趋多元化，智力资本是企业核心竞争力和企业市场价值的关键，它不符合传统会计要素定义和确定标准，无历史成本可遵循，在企业财务报告中得不到确认和计量。

4. 及时性

财务报告信息披露的及时性是指企业必须遵守法律对财务信息披露的时间性要求，不得提前或延后，要及时将财务信息传递给使用者，便于其及时使用和决策。

财务报告信息的发布是有一定时效性的，信息披露不及时表现为财务报告的及时性较差。当今，随着竞争的加剧、科技的进步和金融工具的日新月异，经济环境发生了急剧变动，财务报告使用者要求会计提供"实时"信息。企业在定期财务报告公布的及时性方面已有了较大的改善，但是对于一些重大事件的披露仍倾向于将有利于本企业的信息及时披露，将不利于本企业的信息延迟披露。

5. 公平性

财务报告信息披露的公平性，是指企业及其他信息披露义务人应当同时向所有投资者公开披露信息，以使所有投资者平等获悉同一信息，不得私下提前向特定对象单独披露、透露或泄露。

勿把投资者利益当儿戏

资本市场中，一些上市公司视承诺如儿戏，其本质是把市场诚信抛到了九霄云外，眼中只有实际控制人、大股东等的利益，没有把中小投资者以及我国资本市场的整体利益当回事。

保护投资者利益是公司治理的核心问题之一，也是我国全面净化市场生态的目标之一，其根本目的是防止公司实际控制人（管理层或控股股东）对外部投资者（股东和债权人）利益进行侵害或掠夺。上市公司要制定一个理想的投资者关系管理战略，不仅监管部门要有严格执法的决心，而且上市公司自身也要有将承诺兑现情况与其再融资、资产重组等紧密挂钩的压力。如果以监管的视角审视会计信息披露要求，主要有政府监管和公司自律两种监管方式。

（一）政府层面，建设诚信守法的资本市场环境

公司治理的核心就是要对公司业绩进行有效的监督，当公司业绩出现问题时监督者要能做出迅速的反应。因此，公司治理必须依赖于公司的透

明度。为了保证公司及时、真实和全面地向投资者披露公司的经营状况等信息，国家的政府管理体制对上市公司的信息披露提出了强制性要求。

1. 加大政府的监管力度

我国目前主要采取了以政府监管为主的框架体系，设立以证监会为代表的各层分类监管行政部门，通过法律法规对公司证券的发行和交易全过程进行监控。虽然该框架体系当前仍处于不太成熟的初级阶段，相关配套规则和制度文件仍有待进一步完善，但此种模式确立了政府在公司会计信息披露过程中的主要监管人地位，大大提高了监管效率，进一步促进了资本市场的良性发展。

我国各监管部门出台了一系列政策来维护投资者的利益，以保障证券市场有序运行。如国务院金融委 2020 年提出"建制度、不干预、零容忍"工作方针，监管部门持续加大对资本市场各类违法违规行为的打击力度，新《证券法》正式实施，为促进资本市场稳定健康发展提供了法律保障；司法机关和相关部委加强工作协同，已初步形成了行政执法、民事追偿和刑事惩戒相互衔接、互相支持的立体、有机体系。

2. 加强对上市公司的教育

在资本市场，投资者和上市公司的关系类似于产品市场中的产品提供者和顾客（消费者）的关系，上市公司是证券产品的提供者，而投资者就是产品购买者（金融产品消费者）。上市公司也应该像产品市场中的产品提供者一样，以投资者为中心，维护投资者利益。因此，更要对上市公司加强教育。

可以从以下四个方面加强对上市公司的教育。一是从根本上扭转上市公司以往的管理理念，要使上市公司树立为投资者创造价值的理念，不能把投资者的投资资金看成是廉价的、无成本的。二是从法律法规层面对上市公司进行法律法规及行业规范教育，要教育上市公司严格遵守证监会的监管规则和证券法律法规及行业规范。三是教育上市公司注重合规性，教育上市公司必须要按照资本市场的规则行事，给投资者一个真实、透明、合规经营的上市公司。四是教育上市公司树立社会责任意识、提升社会责任履行能力，为社会、经济、环境及行业的可持续发展做出更多贡献。

（二）公司层面，以保护投资者利益作为出发点

保护投资者的根本利益，打造诚信的资本市场，须从上市公司自身做起，而其承诺则是不可忽视的重要方面。一家连自己的承诺都无法兑现的上市公司，投资者是不应该对其抱有任何幻想的。具体到兑现承诺而言，仅仅只有政府层面监管指引是远远不够的，上市公司还须采取以下措施。

1.公司内部建立强制性信息披露制度

信息披露是公司治理的决定性因素之一，信息披露制度完善与否直接关系到公司治理的成败。一个强有力的信息披露制度是对公司进行监督的典型特征，是股东具有行使表决权能力的关键。强有力的信息披露制度有助于吸收资金，维持公众对资本市场的信心。股东和潜在投资者需要得到定期的、可靠的、可比的和足够详细的信息，从而对经理层是否称职做出评价，并对股票的价值评估、持有和表决做出有根据的决策。信息短缺且条理不清会影响市场的运作能力，增加资本成本，并导致资源配置不当。鉴于信息披露的重要作用，世界各国在其公司治理原则或研究报告中对信息披露均提出了相应的要求，以保证对公司的有效管理。

从理论上来说，投资者可以通过契约条款约束内部人的侵权行为，并促使内部人及时披露信息。但是，在证券市场的实践中，公司从欺诈、公布虚假信息等机会主义行为中获利的现象非常普遍，其原因如下：一是不可能制定内部人侵权风险得到完全估计的契约；二是契约监督机构因政治压力、能力制约、寻租、自身腐败等因素不可能或不愿意去实施这种复杂的契约。因此，建立以提高公司运作透明度为核心的强制性信息披露制度对公司治理机制、有效保护投资者权利乃至保持证券市场的健康是必不可少的。

2.将投资者利益保护纳入公司的发展战略中

公司要真正实现对投资者利益的保护，首先要对自己的整体战略有准确的把握，领会公司战略对公司定位、使命的概括。具体来说，就是明确

公司是做什么的、公司在行业中的地位怎样、公司优势在哪里、公司发展的方向是什么。在对以上的问题有了充分的理解后，投资者关系管理战略的制定也就有了依据。

在此基础上，公司在制定投资者关系管理战略时，投资者关系管理部门负责人要与其他职能部门的经理和领导进行充分沟通。如果投资者关系管理部门负责人独立地制定本范围内的战略，而不顾及其他部门，则制定的投资者关系管理战略可能会与公司的总体战略或者产品服务、市场营销、人才、财务等战略相冲突。为使投资者关系管理战略取得效果，制定与其他职能战略协调一致、互相加强的投资者关系管理战略至关重要。例如，涉及投资者利益的承诺事项，建议在股东大会上实行类别表决，上市公司的承诺是否能履行，不能由"一股独大"的大股东等说了算，中小投资者也必须有话语权。

3. 构建完善的公司治理框架

上市公司的行业自律监管体系主要由监事会、审计委员会组成。大多数上市公司的监事会以及审计委员会非常了解公司的会计信息情况，但其内在的经济利益导致其不能很好地行使自己的监管职能，且上市公司的监事会只对公司的违规现象具有纠正权，没有处罚的权力，这影响了其对上市公司的监管。因此，公司要完善公司的治理框架，明确上市公司监事会和审计委员会等重要监管部门的具体职责，提高其在公司中的地位，以保障其在公司中实施有效的监管。

公司治理框架直接影响着企业财务报告信息披露的要求、内容和质量。一般而言，企业财务报告信息披露受内部和外部两种制度制约。外部制度就是国家和有关机构对企业财务报告信息披露的各种规定；内部制度是公司治理对信息披露的各种制度要求，这些要求在信息披露的内容、时间、详细程度等方面可能与信息披露的外部制度一致，也可能不完全一致。在许多国家，公司的信息披露是基于公司治理的目标而自愿披露的。因此，公司内部信息披露的规范性，需要公司治理对其进行约束。公司可以通过完善公司治理框架来提高财务报告信息披露的真实性和科学性。

‹ 案例分析 ›

扇贝"跑路"？J公司造假被查 [①]

J公司系农业产业化国家重点龙头企业，以虾夷扇贝、海参、皱纹盘鲍、海胆、海螺等海珍品为主要产品，于2006年9月28日在深交所上市，并创造了我国农业第一个百元股。公司于2006年1月被国家科技部、国家发展改革委员会、财政部、海关总署、税务总局等五部委认定为首批国家级企业技术中心。截至2011年，J公司的营业收入、净利润分别为29.37亿元、4.98亿元。但从2014年开始，J公司在资本市场长达近6年的"扇贝奇幻大戏"开始登场，拉开了公司造假的序幕。

1. 财务造假事件始末

2014年10月J公司对105.64万亩海域成本为7.35亿元的底播虾夷扇贝存货放弃采捕，43.02万亩海域成本为3.01亿元的底播虾夷扇贝存货计提跌价准备2.83亿元，其原因在于公司发展底播虾夷扇贝所在的海域水温日差较大，存货异常。然而2015年6月对2012—2014年底播种未收获的160余万亩海域进行了抽测，发现底播虾夷扇贝尚不存在减值的风险，至此立刻引发质疑"难道2014年核销和减值的底播虾夷扇贝又回来了"。

2018年，J公司又故伎重演，对外披露的报告显示对价值5.78亿元的底播虾夷扇贝存货进行核销处理，对价值1.26亿元的底播虾夷扇贝存货计提跌价准备5110.04万元，其原因竟然是2017年的底播虾夷扇贝由于营养盐补充不足饿死了。然而，2017年10月公司发布的秋季底播虾夷扇贝抽测结果显示，底播虾夷扇贝不存在减值的风险。

2019年，J公司的底播虾夷扇贝再次发生大规模死亡灾害，公司核销的底播虾夷扇贝价值及计提的存货跌价准备合计约为2.91亿元，导致同年业绩大幅亏损，净利润为−3.92亿元。更为神奇的是，在业绩面前，扇贝的每一次死亡都显得"恰到好处"。2018年公司好不容易通过出售资产等

---

① 扇贝"跑路"？J公司奇葩造假被查，股民损失谁埋单？[N]. 中国新闻周刊，2020−09−17.

手段让业绩转正，但 2019 年扇贝继续死亡使公司业绩又一次亏损。

2. 被移送公安机关追究刑事责任

J 公司频繁"出逃"的扇贝引起了证监会的关注，因 J 公司涉嫌信息披露违法违规，2018 年 2 月 27 日早晨，由 30 余人组成的调查组进入 J 公司进行调查。证监会借助北斗卫星导航系统，对公司 27 条采捕船只、数百万条海上航行定位数据进行分析，并委托两家第三方专业机构运用计算机技术还原了采捕船只的真实航行轨迹，复原了公司最近两年真实的采捕海域，从而确定实际采捕面积，并据此认定 J 公司成本、营业外支出、利润等存在虚假。

2019 年 7 月，证监会对 J 公司开出行政处罚及市场禁入事先告知书，因涉嫌财务造假、虚假记载、未及时披露信息等。

2020 年 6 月 24 日，证监会对 J 公司信息披露违法违规案作出行政处罚及市场禁入决定，对 J 公司给予警告，并处以 60 万元罚款，对 15 名责任人员处以 3 万元至 30 万元不等的罚款，对 4 名主要责任人采取 5 年至终身市场禁入的处罚。6 月 30 日报道，J 公司镇党委决定，免去吴某某在上市公司 J 公司的党委书记职务、免去梁某 J 公司党委副书记职务。9 月 11 日，证监会决定将 J 公司及相关人员涉嫌证券犯罪案件依法移送公安机关追究刑事责任。

曾经，J 公司可谓风光无限，如今因财务造假，公司及相关人员被追究刑事责任，且公司债台高筑，业绩情况不容乐观。

投资风险管理：创业容易守业难

是机会还是陷阱

（一）什么是投资风险

1. 走近投资风险

投资风险是指未来投资收益的不确定性，是项目不确定因素导致投资报酬率无法达到预期目标的风险。企业为实现其投资目的而对未来经营、财务活动可能造成的亏损或破产应承担相应的风险。投资风险是风险现象在投资过程中的表现。具体来说，投资风险就是从做出投资决策开始到投资期结束这段时间内，由于不可控因素或随机因素的影响，实际投资收益与预期收益的偏离。实际投资收益与预期收益的偏离，既有前者高于后者的可能，也有前者低于后者的可能；或者说既有蒙受经济损失的可能，也有获得额外收益的可能，它们都是投资的风险形式。

投资风险是企业决定是否投资所进行的预测分析的最主要内容。投资者在投资中可能会遭受收益甚至本金损失的风险。股票可能会被套牢、债券可能不能按期还本付息、房地产可能会下跌等都是投资风险。投资者需要根据自己的投资目标与风险偏好选择金融工具。例如，分散投资既是有效的科学控制风险的方法，也是最普遍的投资方式。将投资在债券、股票、现金等各类投资工具之间进行适当的比例分配，一方面可以降低风险，另一方面可以提高投资回报。

2. 投资风险的分类管控

投资总会伴随着风险，投资的不同阶段有不同的风险，投资风险也会随着投资活动的进展而变化，投资活动在不同阶段的风险性质、风险后果也不一样。投资风险一般具有可预测性差、可补偿性差、风险存在期长、造成的损失和影响大、不同项目的风险差异大、多种风险因素并存并相互交叉组合作用等特点。

（1）投资决策的风险与管控。

决策风险是指在项目立项前决策时所面临的风险。例如，当企业新进入一个行业时，要研究行业风险。假如这个行业风险太大，且是无法承受的风险，那企业就应该放弃进入该行业的项目。又如，企业在考虑是否要在国外投资项目时，面临"走出去"的风险，若经过评估拟投资项目风险过大且无法受控，那么项目投资的前提就不存在了。在决策项目投资之前，若只考虑收益，不考虑所要面临的风险，那么即使后面的工作再出色，也是徒劳的。

（2）投资成本控制风险与管控。

基于成本收益原则，一项活动的收益必须大于成本。当前，企业之间的竞争力的关键往往是成本控制。企业的成本构成中首要的是投资成本，其次才是运营成本。投资成本中，如果两个同样的项目投资，行业平均投资成本假如是 100 元，一个项目投资成本是 130 元，另一个项目投资成本是 90 元，这两个项目投资成本的高低将会直接影响未来完全成本的大小。运营成本对最终成本的影响是有限的，关键是投资成本，投资成本一定程度上决定企业的竞争力。

（3）投资管理团队体制风险与管控。

企业的投资体制也需要研究，投资主体要尽可能实现股权多样化，把不同利益主体引进来，将不同的资源引进来，如技术、管理、人才、渠道、品牌、资金均可以通过引股权引入。要保证项目建设的高质量、低成本，有必要考虑项目建设企业的管理团队是否科学合理。例如，允许企业项目管理团队投资持股，将其利益与其他股东利益、企业利益捆在一起，那成本控制就不一样了，所存在的风险与他们自身相关，那么成本控制就会起作用。这么做可以解决项目管理团队的机会主义和道德风险问题。

（4）投资项目法人责任制风险与管控。

建立项目法人责任制就是要实现项目的市场调研、可行性研究、项目建设、企业运营全过程有人负责。考虑到自然人无法承担这么大的责任，此处仅指项目法人。企业以前对项目的管控是将项目分段管理，负责项目市场调研、项目建设、项目运营的是不同的机构、不同的人，这会导致出了问题互相推诿，无法找到直接责任人。为规避此类风险，需要对项目建立法人责任制。

（5）投资项目的考核和评估风险与管控。

很多企业对投资项目缺少严格的考核制度和措施，甚至会出现项目建立之初非常重视，项目开始实施后放任自流的情况，缺乏有效的反馈评价机制。企业在落实项目法人责任制的基础上，不仅要严格对项目的可行性进行考核，还应该制定一套严格的投资项目反馈考核评价机制。真正做到明确责任、奖惩分明。

（二）如何规避投资风险

1. 投资风险识别

投资风险识别是风险管理人员运用有关的知识和方法，系统、全面和连续地发现投资活动所面临的风险的来源、确定风险发生的条件、描述风险的特征并评价风险影响的过程。投资风险识别是风险管理的首要步骤，只有全面、准确地发现和识别投资风险，才能衡量风险和选择应对风险的策略。

投资风险识别具有以下几个特点。

（1）投资风险识别是一项复杂的系统工程。风险无处不在、无时不有，决定了投资过程中的风险都属于风险识别的范围；同时，为了准确、全面地发现和识别风险，需要风险管理部门和生产部门、财务部门等方面密切配合。

（2）投资风险识别是一个连续的过程。一般来说，投资活动及其所处的环境处在不断的变化中，所以，只有根据投资活动的变化适时、定期进行风险识别，才能连续不间断地识别各种风险。

（3）投资风险识别是一个长期过程。投资风险是客观存在的，它的发生是一个渐变的过程，所以在投资风险发展、变化的过程中，风险管理人员需要进行大量的跟踪、调查。对投资风险的识别不能偶尔为之，更不能一蹴而就。

（4）投资风险识别的目的是衡量和应对风险。投资风险识别是否全面、准确，直接影响风险管理工作的质量，进而影响风险管理的成果。识别风险的目的是为衡量风险和应对风险提供方向和依据。

2. 投资风险管理

导致投资风险的主要因素有：政策的变化、管理措施的失误、形成产品成本的重要物资价格大幅度上涨或产品价格大幅度下跌、借款利率急剧上升等。

投资风险管理是对投资活动所涉及的各种风险实施有效的控制和管理，采取主动行动，防止和减少损失，减轻或消除风险的不利影响，以最低成本取得对投资安全的满意结果，保障投资的顺利进行。投资风险管理的主要策略有以下 4 点内容。

（1）风险回避。

风险回避指企业决策者做出的中止、放弃或调整、改变某种决策方案的风险处理方式，是一种致力于将风险行为降为零的方法。当投资项目的某项特定风险所致损失频率和损失幅度相当高，抑或处理投资项目的风险成本大于其产生的收益时，企业就应该规避该项投资风险。

（2）风险降低。

风险降低是指企业在权衡成本收益后，采用适当的控制措施降低风险或者减轻损失，将风险控制在企业可承受的范围内。在实施风险控制策略时，最好将项目每一具体风险都控制在可以接受的水平内，单个风险降低了，整体风险就会相应降低，成功的概率就会增大。

（3）风险分担。

投资项目的风险分担是一种事前的风险应对策略，其目的是通过若干技术手段和经济手段将风险部分或全部转移给其他人承担。例如，为了避免企业投资的项目出现技术风险，可以将该部分外包给精通该技术的企业，或者是为了应对投资项目的自然灾害风险，可以提前购买相关的保险。

（4）风险承受。

风险承受是指企业对于一些在风险承受度之内的、无法避免和转移的风险，在不影响投资者根本或局部利益的前提下，不准备采取控制措施降低风险或者减轻损失，自愿承担风险。投资项目的风险承受是企业明知道可能有风险发生，但在权衡了风险应对策略后，出于经济性和可行性的考虑自愿承担风险。

是多元化还是一体化

（一）多元化战略

1. 什么是多元化战略

社会经济的不断发展，引起市场需求和企业经营结构的变化。企业为了更多地占领市场和开拓新市场，或避免单一经营的风险，往往会选择进入其他相关领域，这一战略就是多元化战略。企业实施多元化战略是指企业在原主导产业范围以外的领域从事生产经营活动。多元化战略是与专业化经营战略相对的一种企业发展战略。

一般意义上的多元化经营，是指产品生产的多元化。多元化经营与产品差异是不同的概念。所谓产品差异是指同一市场的细分化，但在本质上是同一产品。而多元化经营则是同一企业的产品进入了异质市场，增加新产品的种类和进入新市场两者是同时发生的。所以多元化经营属于经营战略中的产品－市场战略范畴，而产品差异属于同一产品的细分化。同时，对企业的多元化经营战略的界定标准必须是企业异质的主导产品低于企业产品销售总额的 70%。

2. 多元化战略的类型

不同企业实施多元化战略的类型是不同的，企业需要审时度势地选择适合的多元化战略类型来满足自己的发展需求，企业多元化战略的类型有以下几种。

（1）相关多元化。

相关多元化是指虽然企业发展的业务具有新的特征，但它与企业现有业务具有战略上的适应性，它们在工艺、销售渠道、市场营销、产品等方面具有相同的或是相近的特点。根据现有业务与新业务之间"关联内容"的不同，相关多元化又可以分为同心多元化与水平多元化两种类型。

①同心多元化，亦称集中多角化或同心多样化，是指企业增加与其现有产品或服务相类似的新产品或新服务，即企业利用原有的技术、特长、经验等发展新产品，增加产品的种类，从同一圆心向外扩大业务经营范围。同心多元化的特点是原产品与新产品的基本用途不同，但有着较强的技术关联性。如梦洁家纺不仅生产床上用品，也生产床垫这一商品。考虑实施同心多元化时，新增加的产品或服务必须位于企业现有的专门技能和技术经验、产品系列、分销渠道或顾客基础之内。当一个企业所处的行业正处于上升阶段时，同心多元化对于强化自身具有的知识和经验的领域地位是十分有用且可行的。

②水平多元化，即企业利用现有市场，采用不同的技术来发展新产品，增加产品种类。例如依曼琪，不仅生产床上用品，还发展窗帘、布艺沙发等与家纺相关但技术不同的新品类。水平多元化的特点是现有产品与新产品的基本用途不同，但存在较强的市场关联性，企业可以利用原来的分销渠道销售新产品。

（2）不相关多元化。

不相关多元化，也称为集团多元化，是一种增加与企业的产品或服务显著不同的新产品的增长战略，即企业通过收购、兼并其他行业的业务，或者在其他行业投资，把业务领域拓展到其他行业中去，新产品、新业务与企业的现有业务、技术、市场毫无关系。也就是说，企业不以原有技术、现有市场为依托，向技术和市场完全不同的产品或劳务项目发展。不相关多元化是实力雄厚的大企业集团常采用的一种战略。家纺行业中，诸如孚日集团、盛宇集团等采用该战略。

企业采用不相关多元化的外部原因主要有：①企业原有的产品市场需求增长处于长期停滞甚至下降趋势；②所处产业集中程度高，企业间相互依赖性强，竞争激烈；③环境因素的多变性和不确定性迫使企业更加注重长期收益的稳定性。内部原因主要是企业存在较丰富的资源与较强的能力。

（二）一体化战略

1. 什么是一体化战略

一体化战略是指企业有目的地将互相联系密切的经营活动纳入企业体系之中，组成一个统一经济实体的控制和支配过程。这种战略是企业充分利用自己在产品、技术、市场上的优势，根据物资流动的方向，使企业不断向深度和广度发展的一种战略。一体化战略有利于提高经营效率，实现规模经济，提升控制力或获得某种竞争优势。同时，这种战略也存在脱离行业困难、管理复杂、能力不平衡、不利于技术和产品研发等风险。以汇源果汁为例，种果树存在规模化的商业机会，汇源果汁投资20多亿元新建工厂，准备转型做上游的纯果汁原料供应商。

2. 一体化战略的类型

一体化战略主要包括纵向一体化、横向一体化和混合一体化。

（1）纵向一体化。

纵向一体化也称为垂直一体化，是指处于产业链的某个环节的企业将其上游或下游环节纳入自己的经营系统中，使生产或经营过程相互衔接、紧密联系的企业之间实现一体化。纵向一体化是一种沿产业链占据若干环节的业务布局行为。例如，甘肃皇台集团公司在兼并了武威市饮料厂、纸箱厂、颗粒饲料厂之后，又加快了股份制改造步伐，建立了占地600多亩的葡萄园和1370多亩的经济开发区，借以实现公司的纵向一体化进程。企业在前后两个方向扩展企业现有经营业务的一体化战略，按物资流动的方向可以进一步划分为前向一体化和后向一体化。

①前向一体化。

前向一体化是指企业获得对分销商的所有权或控制力的战略，即企业根据市场的需要和生产技术的可能条件，利用自己的优势，通过收购或兼并若干商业企业或者拥有和控制其分销系统，实行产销一体化。在生产过程中，物流按顺方向移动，称为前向一体化。采用这种战略，是为获得原有成品深加工的高附加价值。实施前向一体化的一种有效方式是特许经营。采用特许经营的形式授权其他厂商经销自己的产品并提供售后服务，是用途最广，也是非常有效的前向一体化方式。

前向一体化是企业自行对本企业产品做进一步深加工，或者对资源进行综合利用，或企业建立自己的销售组织来销售本企业的产品或服务。当一个企业发现它所在的价值链上的前面环节对它的生存和发展至关重要时，它就会加强对前向环节的控制。越来越多的制造商借助互联网和直销队伍直接销售自己的产品，如钢铁企业自己轧制各种型材，并将型材制成各种不同的最终产品，又如，可口可乐公司发现决定可乐销售量的不仅是零售商和最终消费者，还有分装商时，就开始不断地收购国内外分装商，并帮助它们提高生产和销售效率。

②后向一体化。

后向一体化就是企业通过收购或兼并若干原材料供应商，拥有和控制其供应系统，实行供产一体化。在生产过程中，物流按反方向移动，称为后向一体化。采用该战略，是为通过获得供应商的所有权或增强对其的控制来求得发展。后向一体化是企业自己供应生产现有产品或服务所需要的全部或部分原材料或半成品，如钢铁公司自己拥有矿山和炼焦设施，纺织厂拥有自己的纺纱厂、洗纱厂等。

后向一体化是企业利用自己在产品上的优势，把原来属于外购的原材料或零件，改为自行生产的战略。采用后向一体化的目的是保证物资供应来源，以发展自己的产品。采用这种战略，一般是把原来属于后向的企业合并起来，组成联合企业或总厂，以利于统一规划，保证企业顺利发展。当企业目前的供货方不可靠、供货成本太高或不能满足企业需要时，企业应采用后向一体化。

（2）横向一体化。

横向一体化又称水平一体化或整合一体化，是指企业收购或兼并同类产品生产企业以扩大经营规模的成长战略，是与处于相同行业、生产同类产品或工艺相近的企业实现联合。其实质是提高系统的结构级别，其目的是扩大规模、降低产品成本、巩固市场地位。横向一体化是通过收购、兼并同行竞争对手来实现规模扩大，并不涉及行业或环节数量的增多，只是企业规模扩大了，市场份额提高了，如吉利收购沃尔沃。

（3）混合一体化。

混合一体化是指处于不同产业部门、不同市场且相互之间没有特别的生产技术联系的企业之间的联合，包括以下3种形态。①产品扩张型，即与生产和经营相关产品的企业联合。②市场扩张型，即一个企业为了扩大竞争优势而与其他地区生产同类产品的企业联合。③毫无关联型，即彼此之间生产和经营毫无联系的产品或服务的若干企业之间的联合。

（三）企业在选择战略时从何入手

1. 企业在选择战略时应考虑的因素

企业制定发展战略的目的就是解决企业发展问题，实现企业的长远发展。20世纪60—70年代，美国企业受反垄断法的影响，混合兼并达到高潮。进入80年代后，大量企业开始剥离其拥有的不相关业务，集中经营单一业务的企业比例也重新增大。90年代以来，一次并购浪潮更是使同类企业的比例也重新增大，其特征表现为同类企业的强强联合、加强集中经营，如波音和麦道公司，戴姆勒－奔驰与克莱斯勒的合并等。企业在进行战略选择时，尤其是在进入新的经营领域过程中，要具体把握好以下4个方面。

（1）选择好时机。

时机不成熟或错过了时机都会造成战略上的被动。过早地进入，会因为准备不足而出现问题；进入过晚，会因为延误时机而失败。

（2）选择好领域。

企业要进入新的经营领域，在把握好时机的同时应注意选择好要进入的领域。在新的领域内还应注意选择好新的合作伙伴，如果合作企业经营不稳定而企业又无力控制，这必将造成合作失败且浪费企业发展的大好时机。

（3）选择好次序。

选择好次序是指企业在进入新的经营领域时应该有一个周密而细致的计划。先进入哪个产业，站稳后再进入哪个产业，应该有一个详细的规划。

（4）选择好方式。

企业进入新的经营领域有许多方式可以采用。无论是自己设立新的企业，还是并购；是与其他企业结盟，还是控股或参股，都不应该是随意选择的，企业要根据自己发展的战略目标总体要求和企业自己的实际情况进行慎重决策。

2. 何时选择实施一体化战略

实施一体化战略的方向有两个：企业在现有业务基础上或是进行横向扩张，实现规模扩大，即所谓的横向一体化；或是向上下游扩展，实现同一产品链上的延长，即所谓的纵向一体化。

横向一体化是指企业兼并经营相同业务的企业，有利于企业充分享有规模经济效应，显著改善企业的成本地位，并降低行业内竞争程度，提升企业影响战略竞争结构的能力，从而强化企业的竞争优势。对规模经济效应明显的行业来说，横向一体化是一种最基础的竞争战略，但业务单一使得经营风险集中，同时横向规模的过度发展常常受到反垄断法的限制。

纵向一体化是企业将经营领域向纵深发展的一种战略态势。通过控制上下游相关产业可以降低经营中受市场影响而产生的风险与费用；提高产业的进入壁垒，获得有利的竞争地位。但此种战略一定程度上与专业分工、规模经济援助相抵触，而且随着现代信息社会的到来、传统价值链的重构，这种战略正在以结成战略联盟的方式逐步回归市场调节。

3. 何时选择实施多元化战略

多元化战略是指企业靠向市场提供不同质产品来谋求增长，既包括以技术、市场或生产的相关性为基础，各业务共享资源和事先战略协同的相关多元化；也包括企业进入不相关业务领域的混合多元化。对于在原行业中进一步发展受到限制的企业，这种战略为其拓展了发展空间；同时也降低了业务过于集中所导致的经营风险。对于上市企业来说，由于大多数投资者倾向于回避风险，因此通过多元化经营降低收益率，在平均收益率相同的情况下，可以增强企业对投资者的吸引力。企业在选择进行多元化经营时，应该遵从以下几条基本原则。

（1）确保企业已有产业基础扎实。

企业的战略态势选择应具有阶段性和层次性，当企业进入成熟期，已具备了相对稳定的竞争地位和市场占有率时，此时企业需考虑的问题是：企业现有的产业是否做好了、利润是否稳定，企业是否具有富余的精力和实力涉足其他产业？如果企业的回答是肯定的，就继续回答下面的问题；若回答是否定的，企业还是首先要做好自身的产业再考虑实施多元化经营。

（2）新产业和旧产业不冲突。

当企业确定要进行多元化经营时，进入哪一个新领域，采用哪一种多元化经营发展战略，也是企业战略决策不能回避的问题。此时企业需考虑的问题是：企业要发展的新产业是否削弱了原有的核心产业、能否与原有的产业协调发展？

（3）确保企业已具备进入新产业的条件。

此时企业需考虑的问题是：企业是否在技术、营销、管理等方面具有发展新产业的条件，企业是否有能力掌握新产业的关键经营因素？企业只有已培养起自己的核心技术和管理技能，并有可能凭借其向相关行业拓展，企业的财务结构已得到充分的改善，具备了实施多元化战略所必需的剩余资产的资源时，才可以考虑实施多元化战略。

（4）企业进入新产业后立得住。

此时企业应考虑的问题是：企业有能力、有计划在新产业中实施管理创新、技术创新吗？有超越竞争对手的潜力吗？如果企业的多元经营更多是着眼于进入，而对在进入一个产业后，如何尽快获得多方面的竞争优势没有准备，那么会给企业带来更大的危机。

综上所述，企业实施多元化战略失误的原因可能有两点：一是不顾企业本身的实力而强行进入新领域；二是企业错误地选择了新的进入领域。企业实施多元化战略意味着企业要进入一个新的行业，这本就带有风险。如没有足够的竞争优势可依赖，进入新行业只会分散企业有限的资源，并阻碍业务的经营，导致经营风险大大增加。

〈 案例分析 〉

联想的多元化战略 [①]

联想集团有限公司（以下简称"联想"）成立于 1984 年，是由中科院计算所投资 20 万元人民币，11 名科技人员共同创办的一家在信息产业内多元化发展的大型企业集团，是富有创新性的国际化科技公司。作为全球计算机市场的领导企业，联想从事开发、制造并销售可靠的、安全易用的技术产品及提供优质、专业的服务，帮助全球客户和合作伙伴取得成功。联想公司主要生产台式计算机、服务器、笔记本计算机、打印机、掌上计算机、主板、手机、一体机等商品。联想控股多元化战略实施主要包括以下几种形式。

1. 相关多元化战略

联想通过企业内部组织结构、业务组合等一系列措施，不断整合 IT 领域业务，进行相关多元化的战略布局。联想集团以 PC 业务为核心，在原有以产品线划分的事业部体制基础上，划分出了消费 IT、企业 IT、IT 服务、手持设备、信息运营、部件 / 合同制造等六大业务群组，以满足不同客户的需求。

---

① 曾涵文 . 我国企业多元化战略实施的思考——以联想集团为例 [J]. 经济师，2017（11）.

2. 无关多元化战略

2001 年，随着相关多元化战略的开展，联想的无关多元化战略也在悄悄展开。联想将 IT 业务作为其核心业务，并将公司业务拓展至咨询服务、地产、农业、医疗以及能源消费品等领域。例如，联想 2010 年入股神州租车，提供汽车租赁及救援服务；2014 年战略投资拜博口腔，标志联想进入医疗服务行业。

联想经过多年的战略布局，逐渐形成了相关多元化和无关多元化的战略经营体系，每一体系包括不同的经营业务板块，虽然在实施过程中遇到很多问题，但是联想取得的成绩也是有目共睹的，对我国企业的发展有一定的参考意义。

融资风险管理：你的杠杆安全吗

融资风险概述

融资活动作为企业资金活动的起点，是筹集企业投资和日常生产经营活动所需资金的关键步骤。融资风险管理，不仅决定着企业是否能够筹集到投资、生产经营以及未来发展所需要的资金，还决定着融资成本和融资风险，进而影响企业的发展状况。因而，本部分主要从企业融资风险的角度进行阐述。

（一）什么是融资风险

融资风险是指筹资活动中由于筹资的规划而引起的收益变动的风险。融资风险主要受经营风险和财务风险的双重影响。公司的融资方式可以有多种，如发行股票或举债经营（发行债券或优先股）。当公司举债经营时，公司必须要按期付出固定数量的利息。这样，当经营状况良好时，经营的资本报酬率大大高于举债利率，举债经营可为公司带来较高的收益，该类公司的股票持有者也由此获得较高的报酬。但如果经营状况不好甚至亏损，公司也必须付出这笔利息，这会导致公司的收益大幅度下降，使股票持有者也因此受到损失。这样，融资方式的不同，造成了资本结构的不同，给公司以及该公司的股票持有者带来了融资风险。

（二）融资风险的影响因素

1. 融资风险的内在影响因素

（1）融资规模。

融资规模是指企业融资总额的大小或融资在资金总额中所占比重的高低。企业融资规模大，费用支出增加，收益降低而导致丧失偿付能力或破产的可能性也增大。同时，融资比重越高，企业的财务杠杆系数[①]越大，股东收益变化的幅度也越大。所以融资规模越大，财务风险也越大。例如，汇源果汁 2018 年 4 月发布的未经审计业绩报告显示，2017 年，公司收入约为 53.82 亿元，同比下降 6.26%，截至 2017 年年底，公司负债总额已高达 114.02 亿元，资产负债率高达 51.8%。

（2）融资成本。

在融资规模相同的条件下，融资的利息率越高，企业所负担的利息费用支出就越多，企业破产的风险也越大。同时，利息率对股东收益的变动幅度也大有影响，因为在息税前利润一定的条件下，融资的利息率越高，财务杠杆系数越大，股东收益受影响的程度也越大。

（3）融资结构。

融资的期限结构是指企业所使用的长短期融资的相对比例。如果融资的期限结构安排不合理，例如应筹集长期资金却采用了短期融资，或者相反，都会增加企业的融资风险。以企业债务融资为例，债务融资结构不合理的原因在于以下方面。第一，如果企业使用长期借款来筹资，它的利息费用在相当长的时期内将固定不变，但如果企业用短期借款来筹资，则利息费用可能会有大幅度的波动。第二，如果企业大量举借短期借款，并将短期借款用作长期资产，则当短期借款到期时，可能会出现难以筹措到足够的现金来偿还短期借款的风险，此时，若债权人由于企业财务状况差而不愿意将短期借款展期，则企业有可能被迫宣告破产。第三，长期借款的

---

① 　财务杠杆系数 =[息税前利润 /（息税前利润 − 利息）]

融资速度慢，取得成本通常较高，而且会有一些限制性条款。

（4）企业预期的变现能力。

负债的本息一般要求以现金（货币资金）偿还。因此，即使企业的盈利状况良好，但其能否按合同、契约的规定按期偿还本息，还要看企业预期的现金流入量是否足额、及时和资产的整体流动性。现金流入量反映的是现实的偿债能力，资产的流动性反映的是潜在偿债能力。如果企业投资决策失误，或信用政策过松，不能足额或及时地实现预期的现金流入量，以支付到期的借款本息，就会面临财务危机。很多企业破产不是因为没有资产，而是因为其资产不能在较短时间内变现，不能按时偿还债务。

2. 融资风险的外在影响因素

（1）经营风险。

经营风险是企业生产经营活动本身所固有的风险，其直接表现为企业息税前利润的不确定性。经营风险不同于筹资风险，但又影响筹资风险。当企业完全用股本融资时，经营风险即为企业的总风险，完全由股东承担。当企业采用股本与负债融资时，由于财务杠杆对股东收益的扩张性作用，股东收益的波动性会更大，所承担的风险将大于经营风险，其差额即为筹资风险。如果企业经营不善，营业利润不足以支付利息费用，则不仅股东收益为零，而且要用股本支付利息，严重时企业还会丧失偿债能力，被迫宣告破产。

（2）金融市场的影响。

企业负债经营要受金融市场的影响，如负债利息率的高低就取决于取得借款时金融市场的资金供求情况，而且金融市场的波动，如利率、汇率的变动，都会导致筹资风险。当企业主要采取短期贷款方式融资时，如遇到金融紧缩、银根抽紧、短期借款利率大幅度上升，其承担的利息费用会剧增，利润下降，甚至会由于无法支付高涨的利息费用而破产清算。

（三）由融资风险带来的企业破产风险管理

1. 适度举债经营，降低破产风险

企业的负债应该保持一个"度"，只有把负债控制在这个"度"内，

才能既充分利用负债节税和降低成本，又有效地降低财务风险，避免破产。企业这个"度"的确定应考虑以下几个方面。

（1）结构适当。企业负债结构适当的重要标志就是债务的偿还期与企业现金流入的时间相吻合，债务的偿还金额与现金流入量相适应。因此，企业应该根据其现金流入的时间和规模妥善搭配长短期负债。

（2）数量适度。企业一定要将其负债总额控制在自身可以承受的范围之内。这就需要企业衡量自身的偿债能力。衡量偿债能力要求企业全面考虑资产规模、获利水平、现金流入量等多重因素，进行综合判定。

（3）时间适度。企业负债的时间应尽量符合经营活动和投资活动的周期，企业应在适当的时候借入资金。

2. 加强应收账款和存货管理

企业只有在债务到期时拥有足够的现金流量才能够保证借款的偿还而不至于破产，所以，现金流量对企业来说是至关重要的。要使企业的现金流量达到最优状态，就应着眼于对应收账款、存货的管理。

（1）应收账款管理。应收账款的存在会使企业发生管理成本、机会成本和坏账成本，而延期收款又是企业增加销售额的有效手段，即应收账款的存在对企业有利有弊。因此，对应收账款的管理不应仅仅着眼于消灭应收账款，而应权衡应收账款所带来的销售利润和成本，通过确定合理的信用标准与信用条件制定合理的收账政策以及做好应收账款风险防御工作，发挥应收账款的有利作用，减少其不利作用。

（2）存货管理。存货管理水平也与企业的财务状况密切相关，加强存货管理也是提高企业资产流动性的重要手段。取得存货要支付订单成本和购置成本，储存存货要支付储存成本，且供货中断会给企业带来停工损失等缺货成本。所以，企业存货管理的着眼点就在于权衡各种利害得失，使存货水平达到最优。这样就可以有效地提高企业资产的流动性，降低企业的破产风险。

3. 提高企业资信水平，避免破产

《中华人民共和国破产法》将企业破产的最后界限界定为"不能清偿

到期债务"，而不是"资不抵债"。这就是说企业即使达到资不抵债的程度，但只要尚能以信用或能力等其他方式偿还债务也可以避免破产。所以，企业在平时就应该注意提高自身的资信水平，以避免破产。企业提高自身的资信水平可以从多方面入手，但应特别注意借款的及时偿还，不要留下不良记录。这样，企业在无力偿还到期债务时向银行借款就会相对容易。企业在使用商业信用时也应树立自己的良好资信形象。

适当应用远期金融工具

（一）什么是远期金融工具

远期金融工具是一种远期合约，是指交易双方约定在未来的某一段时间，以实现约定的价格买入或售出一定数量的某种资产的一种协议。其通常是金融机构之间以及金融机构与客户之间的交易，是在正式交易之外的场外交易。

（二）远期金融工具的种类

远期金融工具主要有远期利率协议和远期外汇交易两种。

1. 远期利率协议

远期利率协议（Forward Rate Agreements，FRA），是交易双方约定在未来某一确定时间由一方向另一方支付协议利率与基准日的参考利率之间的利息差额的一种衍生交易合约。远期利率协议通常被视为短期利率管理的工具。合同约定双方在结算日以现金结算按协议利率计算的金额与按市场利率计算的金额之间的差额，但作为利息基础的名义金额（本金）不进行收付或划拨。

签订远期利率协议或者是为了避免利率波动的风险，或者是为了在未来利率波动时进行投机获利，可用于为未来的借款成本或者为未来的存贷款收入进行套期保值，或期望获利而进行投资。

远期利率协议是由期货交易发展起来的，多半是由银行提供的场外交易的衍生工具，不在交易所交易。交易期限一般为 3 个月、6 个月、9 个月、12 个月，美元最长期限可以为 2 年，其他货币的期限一般在 1 年之内。此外，对一些非标准的期限和不固定日期的远期利率协议交易，银行也随时准备提供报价。参考利率一般是伦敦银行同业拆借利率。

2.远期外汇交易

远期外汇交易（Forward Exchange Rate Dealing）又称期汇交易，是指交易双方约定在未来某一时间以约定的汇率买卖一定数量外汇的交易。远期外汇交易可以分为标准交割日的远期外汇交易和非标准交割日的远期外汇交易。前者是指交易双方事先具体地约定交割日期，这是最常见的交易类型；后者又叫择期远期外汇交易，是指双方在订约时不约定具体的交割日期，而只规定一个期限，双方可以在这个期限中的任何一天进行交割。

远期外汇交易的期限一般为 1 个月、3 个月、6 个月和 12 个月等，当然按照客户的特定要求，银行也可以设置以天为单位的任意期限。约定的汇率即为未来交割时的汇率，叫远期汇率。

远期外汇交易的特点如下。①交易方式。远期外汇交易通过电话或传真方式由买卖双方互为对手进行。违约风险较大，但交易条件非常灵活。②交易参与者。远期外汇交易的参与者主要是银行、专业证券交易商和与银行联系密切的跨国经营的大厂商，个体投资者和中小厂商很难参与这样的交易。③交易保证金。是否缴纳保证金视客户与银行的关系而定，一般来说无须缴纳保证金。外汇银行对客户或对方银行设立了信贷额度，银行通常以信贷额度来限制每位客户的交易金额。④结算方式。有现货结算和差额结算两种方式。远期外汇交易通常以现货结算为原则，但近年来，约95% 的远期外汇交易以相互抵消的方式进行差额结算，即只对实际存在的差额部分进行现货结算。

（三）企业应如何运用远期金融工具

1.运用远期利率协议保值

远期利率协议是一种远期合约，用于规避未来利率波动所产生的风险。

企业可以运用远期利率协议进行保值，既可以避免借贷双方远期外汇申请的烦琐性，又可以避免利率变动的风险。

2. 利用远期外汇交易规避汇率风险

远期外汇交易的目的在于避免或尽量减少汇率变动可能带来的损失。因许多国家对远期交易有一定的限制性措施，汇率变动是经常性的，所以企业要在了解外汇风险的基础上，合理利用远期外汇交易，避免因汇率变动而遭受损失。

〈 案例分析 〉

P 公司的巨亏事件 [①]

P 公司是在新加坡交易所主板挂牌的上市公司，是"依托中国，走向世界"的石油类跨国企业。在众多人员看好的情况下，P 公司 2004 年 11 月底突然宣布，公司因进行衍生品交易亏损了 5.5 亿美元（约合 45 亿元人民币），其总裁停职接受审查。P 公司巨亏事件成为全球金融界的焦点话题，被业界称之为中国版的"巴林事件"。下面是对 P 公司事件发生原因的分析。

1. 企业内部控制机制、风险管理机制失灵

P 公司内部有严格的内部控制机制和风险管理制度，根据 P 公司内部规定，损失 20 万美元以上的交易要提交给公司的风险管理委员会评估；累计损失超过 35 万美元的交易必须得到总裁的同意。而其总裁作为 P 公司内控的责任主体人员，掌握公司业务的"绝对权力"，可以凌驾于公司的内部控制机制和风险管理制度之上，致使公司内控失效，风险管理机制失灵。

2. 经营者缺乏风险意识，未能及时止损

P 公司从 2001 年 11 月就开始涉足石油期货，其总裁在不了解原油期权交易业务、没有对交易风险做出正确评估的情况下，贸然进行期权交易。

---

① 于冰洁. 从风险管理角度浅析"P 公司"事件 [J]. 财会学习，2016（14）.

随着油价的不断攀升，P公司不仅没有及时止损，反而不断追加保证金，加之P公司发现方向预测是错的之后，也没有买入看涨的期权来对冲风险、减小损失，最终让企业陷入困境。

无论是考虑国家政策还是P公司内部的金融风险控制机制，P公司都不应该面临如此局面。P公司从20万元起家，直至发展到事发前的几十亿元资产，从贸易公司发展到中国石油业的第四大巨头，付出了太多，可是未做好风险管理导致所有的成果都灰飞烟灭了。

6

运营风险管理：保障企业价值链安全

▶ 本章提要

运营风险是指因企业内部流程、人为错误或外部因素而令企业产生经济损失的风险。运营风险管理是指对整个企业的运营风险进行识别、衡量、监督、控制和报告。对企业来说，风险始终是开展业务不可避免的。基于保障企业价值链安全的企业运营风险管理，在对企业全流程诊断的同时，加强了企业运营风险控制，提升了企业价值链的价值增值能力。

▶ 情境导入

新销售模式下沃尔玛超市运营风险控制分析 ①

沃尔玛百货有限公司（以下简称"沃尔玛"）成立于1962年，是一家世界性连锁企业，在全球26个国家拥有7000多家实体卖场。沃尔玛的成功之道主要在于其运营风险控制得当。例如，控制企业内部运营风险，会提前对运营风险进行评估，并及时采取措施予以应对。再如，沃尔玛能够准确把握公司内外部供应链的变化，密切关注内部风险管理建设，提高供应链内外部整合水平。沃尔玛具体运营风险管理策略如下。

1. 采购本地化，降低采购成本

沃尔玛之所以成功，是因为其采用"薄利多销"的策略。沃尔玛与供应商规定：其报价与其他商家相比必须是最低价。巨大的规模和雄厚的资金实力使沃尔玛在谈判时可以取得绝对的优势，也让沃尔玛的各项费用和成本较低。沃尔玛尽可能以低价位向本地制造商直接采购，既节约成本，

---

① 胡阳. 新零售背景下零售业内部控制问题研究——以沃尔玛为例 [J]. 商业经济，2019(10).

又适应了当地顾客的消费习惯。这种做法在降低采购成本的同时，提高了供应商风险管理的效益。

2. 线上、线下与物流结合，信息共享

沃尔玛采用线下和线上混合式物流方式，保证企业商品的供应，并保证企业内部物流环节的信息沟通与共享。线上线下混合式物流方式，可以提高库存商品的配货和供应速度，加速商品运转，还可以降低信息不对称的运营风险。

3. 市场细分，提供消费者体验式服务

沃尔玛对每家店根据不同的地区和人文环境、顾客需求销售不同的商品，反映出沃尔玛对产品给予了市场细分。对不同市场销售不同的产品，使沃尔玛的商品永远都是适销的。在价格低廉的同时，沃尔玛还看重服务质量。因为平价的精髓在于为顾客提供了超值服务。同时，根据顾客的真正需求，为顾客提供体验式服务，提高顾客满意度。

4. 打造新零售全渠道产业生态链

沃尔玛构建了包括供应商、制造商、零售商等在内的全渠道新零售产业生态链，通过链上的各个企业相互协作，实现协同效益，促进各方互利共赢，真正形成在新零售创新技术支持下的互联网良性供应链产业体系，降低运营风险，提升企业竞争力。

综上所述，一个企业无论从事何种行业、经营何种产品，其最终目的是实现企业价值的最大化。为了实现这一目的，企业在其战略的指引下，需要在合法合规经营的基础上，保证企业运营的效率与效果。企业价值链是企业运营的平台，本部分基于企业价值链安全视角，从采购、生产和销售三大企业价值链环节阐述企业的运营风险及其风险管理，有助于减低企业运营的风险，精益价值链各个环节，使企业获取可持续的竞争优势，促进企业的高质量发展。

采购风险管理：守好企业的入口

供应商识别是关键

采购是企业价值链的起点，是指购买物资（或接受劳务）及支付款项等相关活动。采购作为企业运营管理的重要组成部分，是和企业资金流密切相关的。企业的采购业务涉及请购、审批、供应商选择、合同订立等环节。供应商识别是企业采购环节中不可缺少的一部分，与供应商建立良好的关系不仅是保持竞争优势的重要条件，也是企业战略决策的重要组成部分。对供应商风险的识别可以有效防止和降低因供应链出现质量或材料交货风险而对企业生产经营活动产生的影响，属于企业运营层面的风险管控。

（一）供应商识别的原则

1. 目标定位的原则

企业在寻找和确立供应商时，应当注重对供应商进行广泛和深入的考察。企业应根据目标客户的属性，锁定目标产品，然后根据目标产品的品质特性、采购数量、价格要求等选择供应商。建立的供应渠道应该既能满足企业对产品品质的要求，又能满足企业对产品价格的要求。

2. 优势互补的原则

供应商应当在经营理念、经营方向和技术能力方面符合企业预期的要求，在某些领域应具有优势，这样才能在一定程度上与企业实现优势互补。在建立关键、重要零部件的采购渠道时，企业更需要对供应商的生产能力、技术水平、优势所在、长期供货能力等方面有一个清楚的了解和把握。作为需求方，应清楚地知道之所以选择这家厂商作为供应商而不是其他厂商，是因为它具有其他厂商所不具备的优势，而这些优势对本企业今后的发展至关重要。

3. 择优录取的原则

在报价相同及交货承诺相同的情况下，应首先选择那些企业形象好的供应商。如果这家供应商曾经给某些品牌企业供应过产品，并得到这些品牌企业的认可，则无疑是选择时的最好参考。企业在做采购决策时，价格是可以量化的指标，虽然也有供应商长期关系这种定性的指标，但是量化的指标无疑占据了很大的决策比重。在这里需要注意的是，不应只为供应商价值链的优势所打动，就盲目地选择供应商。例如，以价格为导向的决策机制，使得采购人员倾向于选择报价更低的供应商，可是当原料的质量低于标准，或是及时交付率不能达标时，那么从产品报价上省下来的成本就会成为泡影，可能还不够填质量索赔和超额运费的坑。企业需要综合供应商各方面因素，平衡利弊，考虑哪些因素对本企业来说最重要，进而做出最有利的选择。企业在选择供应商时，必须对供应商的资质和环境因素等进行全方位的考察。

4. 共同发展的原则

随着社会分工的细化和市场竞争的日趋激烈，单一企业的竞争逐步转向企业各个价值链乃至各个供应链之间的竞争。一个企业要想在竞争激烈的市场上获取一席之地，需要供应商和客户的有效配合。供应商作为价值链的开端，是企业获取价值增值的入口。所以，供应商是否与企业有着一致的发展理念，并将其付诸企业实践，成为企业在寻找以及确定是否与供应商建立长期合作伙伴关系时的重要参考依据。

（二）供应商识别的流程和存在的风险

企业对供应商的识别和分类是供应商管理的重要部分，决定着企业想和哪些供应商开展战略合作关系，想和哪些供应商维持现状，哪些供应商是应终止合作的。企业应根据自身的特点，对不同供应商进行识别、分类和管理，针对不同供应商面对的风险进行不同的管理。

1. 供应商识别的流程

（1）初步识别潜在供应商。企业应根据供应商提供或者市场部主动获取的信息，对潜在供应商进行初步识别，可以将供应商划分为战略供应商（strategic suppliers）、优先供应商（preferred suppliers）、考察供应商（provisional suppliers）。必要时，企业应当形成供应商名录以及信息库。

（2）划分供应商。在经过一段时期的合作及考察后，企业对待考察供应商会有一定的了解及评价，可以在考察期或当前合作项目结束后，根据考察结果将其划分为优质供应商与不良供应商。需要强调的是，对供应商的评价并非一成不变，优质供应商也可能因为种种问题而重新成为待考察供应商。

（3）定期再考察供应商。企业可以根据当前项目周期与对行业发展的判断确定定期考察的频率以及主要内容，如市场出现重大变化或发生重大事件可以开展临时考核，并据此重新评估双方合作关系。根据评估结果，企业可以重新确定合作方式、对供应商合作地位进行适当调整。

2. 供应商识别的风险控制流程

（1）识别供应商的潜在风险。

企业利用云技术、大数据搜索等创新信息技术平台，并借助相关的数据统计工具统计主要供应商基本情况，如名称、所在地、提供的产品或服务等。其他定量方面的数据可以包括交货准时率、质量合格率等。企业通过统计相关供应商的信息，来识别供应商是否会给企业带来采购风险。

（2）评估相关风险的等级。

企业在对供应商相关信息的定量和定性数据进行分析的基础上，判断供应商是否存在采购风险。如，物资采购合同签订后，供应商是否会不按期交付货物，或部分供应商是否存在假冒伪劣、违约等行为，供应商所提供的货物或者供应商所处的行业是否受到政治因素和环境政策的影响，供应商提供的产品的质量合格率在某个月份特别低是什么原因等。

（3）制定操作层面的风险应对决策。

企业应在操作层面对供应商进行风险应对分析。例如，该供应商是不是企业的唯一供应商，供应商的规模多大，企业的原材料采购量占供应商产能的比例，供应商的业务方向是否和企业所处的行业有冲突，供应商未来是否还有发展空间等。

（4）执行控制风险的行动。

企业在完成以上 3 个步骤的基础上，开始列出行动清单，注明计划完成时间和执行人。企业需要对既定的采购计划制定相应的采购策略，如采购的方式（公开招标、询比价、独家采购等）、供应商范围的选择、定价的方案、付款的方式等，并根据不同的流程做好应对整个采购环节风险的措施。

（三）供应商识别的风险控制

供应商识别是企业采购的关键环节，如果供应商识别不好，企业会面临各式各样的风险，如采购物资质量不好、不能及时交货等。因此，企业需要采用一定的措施对供应商识别的风险进行规避，主要风险控制措施如下。

1. 建立供应商评估制度和标准

企业首先应该建立科学合理的供应商评估制度和体系，主要考察供应商的 4 个方面，分别是质量、价格、交付与服务。首先要确定供应商提供的产品质量是否可以满足企业的要求，这就要确认供应商是否有一套稳定有效的质量保证体系，以及确认供应商是否具有生产所需特定产品的设备和工艺。其次，企业要对供应商提供的价格所涉及的产品进行成本分析，并通过价格谈判实现成本节约。再次，在交付方面，企业要确定供应商是否拥有足够的生产能力，人力资源是否充足，有没有扩大产能的潜力。最后，企业要核实供应商售前、售后服务的记录，确定供应商的服务是否满足企业的要求。

2. 确定供应商清单，择优确定供应商

企业在选择供应商的过程中，依据企业自身的标准择优选择供应商，并确定供应商名录，与选定的供应商签订质量保证协议，并按照相关的规定对供应商名录上的供应商进行分类管理。

3. 建立供应商管理系统，实时反馈评价

企业选择供应商之后，并不是就可以高枕无忧、置之不理了。企业需要建立自己的供应商信息管理系统，及时对供应商的服务情况进行跟踪、反馈、评价，并建立供应商淘汰机制，对供应商提供物资或劳务的质量、价格、交货及时性等情况进行实时跟踪评价，并及时对供应商进行合理选择与调整。

〈 案例分析 〉

西门子公司的供应商管理 [①]

德国西门子股份公司（以下简称"西门子"）成立于 1847 年，是全球领先的技术企业，业务遍及全球 200 多个国家，专注于电气化、自动化和数字化领域。西门子在约 12 万家供应商中指定 2 万家供应商作为首选供应商，西门子内部有专门的采购团队进行供应商管理，西门子的供应商管理策略如下。

西门子的供应商管理流程有供应商选择、供应商评估、供应商分级、供应商发展、供应商资格评定等。

西门子对不同供应商实施的采购策略也不同，如高科技含量的高价值产品，西门子需要与提供该类产品的供应商保持长期稳定的紧密关系，签订长期的供应合同；用量大的标准化产品，西门子采用储蓄潜能，在全球范围内开发或选择相应的供应商；高技术含量的低价值产品，西门子在与供应商建立良好关系的同时，保持供应产品的有效率；低价值的标准化产

---

① 王波. 西门子变压器战略采购管理研究 [D]. 山东大学，(2013).

品，采用即时采购即时生产的原则，即时报送采购计划，降低采购成本。

西门子对供应商的分类使企业的采购战略有效实施，降低了采购风险。企业必须通过这种差别化的方式增强对供应商供应产品的认知感，且这种管理方式的实施也有助于增加供应商的危机感，并最终构建出一个高效益、高效率、高竞争力的供应链。西门子的采购战略对其他公司有一定的借鉴意义。

合理使用应付账款免息融资

（一）什么是应付账款免息融资

应付账款免息融资是指企业利用延期付款条件在短期内使用他人资金的一种筹资行为。一个企业的应付账款越多，说明企业占用别人的资金就越多，并且这些占用资金是没有利息的。因此，企业的应付账款越晚支付，对企业越有利。在企业日常经营中，有些企业并不是没有支付应付账款的能力，而是通过应付账款晚付的形式，提高企业流动资金的周转率。

应付账款免息融资是一种典型的商业信用形式。买卖双方发生商品交易，买方收到商品后不立即付款，而是延迟一段时间后再付款。对于卖方来说，这种方式可用来促销；对于买方来说，延期付款则等于用对方的钱购进了商品，减少了企业一定时间内的资金需求。买卖双方的关系完全由买方的信用来维持。一个企业的应付账款过多存在弊端，比如，应付账款占负债比例较大，在开发新的供应商时，会影响企业的诚信度，与供应商建立长期合作关系会有困难；对银行授信额度审批方面也有一定的影响。因此，在不损坏企业诚信和商誉的基础上，如何合理地使用应付账款免息融资对企业来说至关重要。

（二）应付账款免息融资的优缺点

1. 应付账款免息融资的优点

（1）企业的应付账款易于取得。应付账款是购买方先收货后，既不支付货币资金，也不出具票据，而是形成应付账款到期支付。应付账款免息融资是企业之间的一种自然信用方式，不需要办理任何手续，非常简便。

（2）应付账款免息融资的可选择性大。企业一旦取得这种信用贷款后，可以选择在折扣期内付款、信用期内付款或与供应商协商展期付款，选择性比较大。

（3）应付账款免息融资的资金成本不体现在会计账目中，因为企业在信用期内的应付账款无筹资成本，即使在有现金折扣条件下，如果企业在折扣期内付款，也不需支付任何成本。只有当企业放弃了现金折扣，才会有机会成本。所以，应付账款免息融资筹资方式属于信用筹资，不计入会计账目上资金成本，只有管理决策中的机会成本。

2. 应付账款免息融资的缺点

（1）应付账款免息融资的期限短。应付账款的期限都比较短，企业不可能长期使用，企业需要准备充足的货币资金来偿债。一旦货币资金不足，企业如果有大量的应付账款需要短时间内还清，会面临无法还款的风险。

（2）应付账款免息融资的筹资数额有限。应付账款虽然是企业间的一种持续的自然信用方式，但筹资数额非常有限，而且应付账款主要用于商品交易，无法应用于别的领域。

（3）应付账款免息融资的财务风险大。应付账款免息融资容易产生拖欠货款风险，形成三角债。应付账款免息融资是基于购销双方互相信任的前提，在交易双方不了解或品质有问题的情况下，很容易形成拖欠。

生产风险管理：每个环节都要精益

生产安全是头等大事

安全生产是指在生产经营活动中，为了避免造成人员伤害和财产损失的事故而采取相应的事故预防和控制措施，使生产过程在符合规定的条件下进行，以保证从业人员的人身安全与健康，使设备和设施免受损坏、环境免遭破坏，保证生产经营活动得以顺利进行的相关活动。

2020 年 4 月 28 日，国务院新闻办公室举行《全国安全生产专项整治三年行动计划》新闻发布会，明确了全国安全生产专项整治三年行动计划的 2 个专题实施方案、9 个专项整治实施方案。由此可以看出，安全生产作为我国的一项长期国策，是保护劳动者的安全、健康和保全国家财产，促进社会生产力发展的基本保证，也是保证社会主义经济发展的基本条件。因此，做好安全生产工作具有重要的意义。

（一）安全生产的原则

1. 事先教育与事先防范相结合的原则

企业安全生产不仅关系到企业的财产利益，而且直接关系到企业员工的生命安全。因此，安全生产必须由企业和员工共同协作完成，企业不仅要做好安全检查、严密保卫等事先防范工作，而且要对员工进行深入的安全知识教育，使员工意识到安全生产的重要性和防范措施的必要性，这样才能做到防患于未然。

2. 事先防范与事后抢救相结合的原则

在企业的生产经营过程中，即使有严密的防范措施，一些意外事件也会不可避免地发生。这就需要企业在意外事件发生后有应急的补救措施，从而把给企业造成的损失和给员工造成的损害降低到最低限度。在意外事件处理后，还要对意外事件发生的原因和教训进行及时总结，并用到事先教育与事先防范中去，这样才能尽量减少或避免同样的事再次发生。

（二）企业如何确保安全生产

1. 保护劳动者的生命安全和职业健康

保护劳动者的生命安全和职业健康是安全生产最根本、最深刻的内涵，是安全生产的核心。

2. 突出强调最大限度地保护

最大限度地保护，是指在现实经济社会所能提供的客观条件的基础上，尽最大的努力，采取加强安全生产的一切措施，保护劳动者的生命安全和职业健康。根据目前我国安全生产的现状，需要从三个层面对劳动者的生命安全和职业健康实施最大限度的保护。

一是在安全生产监管主体，即政府层面，把加强安全生产、实现安全发展，保护劳动者的生命安全和职业健康，纳入经济社会管理，纳入社会主义现代化建设的总体战略，最大限度地给予法律保障、体制保障和政策支持。

二是在安全生产责任主体，即企业层面，把安全生产、保护劳动者的生命安全和职业健康作为企业生存和发展的根本，最大限度地做到责任到位、培训到位、管理到位、技术到位、投入到位。

三是在劳动者自身层面，把安全生产和保护自身的生命安全和职业健康，作为自我发展、价值实现的根本基础，最大限度地实现自主保护。

3. 突出在生产过程中的保护

生产过程是劳动者进行劳动生产的主要时空，因而也是保护其生命安全和职业健康的主要时空。安全生产的以人为本，具体体现为生产过程中的以人为本。同时，它还从深层次揭示安全与生产的关系。在劳动者的生命和职业健康面前，应该是安全地进行生产，安全是生产的前提，安全又贯穿生产过程。二者若发生矛盾，当然是生产服从于安全，是安全第一。这种服从，是一种铁律，是对劳动者生命和健康的尊重，是对生产力最主要、最活跃因素的尊重。如果不服从、不尊重，生产也将被迫中断。

< **案例分析** >

Q 公司 "3.25" 高处坠落责任事故行政处罚案 [①]

Q 公司是一家股份制民营企业，位于某省东海之滨，占地面积 180 亩，海岸线长 700 余米。公司从 20 世纪 70 年代开始从事造船业，曾建造过各类渔船、特种油轮、工程船舶、散装货轮、混装货轮等。随着世界造船业向我国快速转移和市场的不断拓展，2004 年 10 月 Q 公司搬迁至某县开发区，公司规模不断扩大，现有一套完善的管理体系和规章制度，内部运行高效，并为各类船舶修造人才施展才华创造了良好的平台。

2018 年，某市安监局曝光对 Q 公司安全生产问题的行政处罚，并依据《中华人民共和国安全生产法》相关规定，对该公司做出罚款 35 万元的决定。Q 公司的安全生产问题主要存在于以下 4 个方面：一是公司未建立安全生产责任落实的情况监督考核机制，导致安全生产责任落实不到位，无法全面考核公司的安全状况；二是未对船舶修造的相关从业人员进行入职教育、培训和安全生产教育，未教育和督促从业人员严格执行本公司的安全生产规章制度和安全操作规程，员工缺乏一定的安全生产意识；三是由于公司从事特殊行业，会涉及一些危险因素较大的生产经营场所和有关设施、设备，但在相关场所和设施、设备上未设置明显的安全警示标志；四是未健全生产安全事故隐患排查治理制度等。

---

① 张聆听. 某市曝光一批安全生产行政处罚典型案例 [N]. 某市日报，2018-08-17.

保证生产质量是企业应尽义务

质量是生产制造企业的生命，是生产制造企业的基础。企业要生存和盈利，就必须坚持质量第一，只有一直能够为顾客提供高质量的产品和服务，才能在激烈的竞争中立于不败之地。

（一）生产质量的重要性

20世纪以前，生产质量管理属于"操作者的质量管理"，主要依靠操作者本人的技术水平和经验来保证。20世纪初，以泰勒为代表提出的科学管理将产品质量检验从加工制造中分离出来，生产质量管理的职能也就由操作者转移给了工长。随着企业生产规模的扩大和产品复杂程度的提高，产品有了技术标准，各种检验工具和检验技术也应运而生。大多数企业开始设置检验部门，这时生产质量管理是检验员的质量管理。20世纪50年代以来，除重视人的因素，强调依靠企业全体人员的努力来保证质量外，"保护消费者利益"运动的兴起促使全面质量管理被提出，企业各部门在研制质量、维持质量和提高质量方面的活动构成一种有效体系。

随着市场的发展，企业生产的产品品种越来越多。在产品生命周期越来越短的市场环境下，生产部生产压力越来越大，客户要求的交货期更短，交货更准时，且产品价格更低、质量更好。车间是制造型企业的中心，车间和制造部门管理的好坏，直接影响着产品质量、交货期、成本等指标的完成。伴随着智能化微利时代和组织结构趋向扁平化的到来，车间管理在企业中将扮演愈加重要的角色。

企业之间的竞争归根结底是生产效率、成本控制与管理能力的竞争。质量是企业的生命，这是众多企业用经验或教训总结出来的结论。产品质量不过关，最终就会被客户拒绝和被市场淘汰。从另一个角度去看，质量的重要性也不容忽视：因质量问题而返工不仅影响生产进度，更严重的是影响了员工的工作情绪。生产进度跟不上又直接影响交货期，从而影响销售甚至导致丢单。因此，生产质量不仅关系到企业员工的切身利益，也关系到企业的兴衰。

（二）如何控制企业的生产质量

要想控制好质量，首先要树立这样的观念：质量是做出来的，不是查出来的。因此，在控制企业的生产质量时，首先要做好的就是事前教育和事中纠正，其次是事后总结。

1. 事前教育

企业的生产质量需要从生产的源头上控制，重在对生产员工的事前教育。生产管理人员在每天的工作安排中或在签首件核对样板的过程中，已对每款产品的工艺熟记于心。对于一些产品的工艺难点，应该事先准备相关的解决方法与措施。生产车间的管理人员将所知道的一切信息及时传达给生产车间的基层员工，并结合各款产品具体的工艺要求及企业对产品质量的要求，做一个详细的说明，要让生产车间的工作人员都能明白什么是正确的，什么是错误的，以及做到什么程度为合格，做得不合格会有什么惩罚等。

2. 事中纠正

企业员工有了生产目标后，会存在有些员工技术能力有限无法实现生产目标的情况，此时就需要企业生产管理人员辅导、督促、跟进。特别是在每款新产品的投产初期，企业生产管理人员应从第一道工序开始跟进检查，及时纠正错误方法或不良习惯，保证每一道工序生产出来的产品传给下一道时是合格的。在生产环节中，企业生产管理人员要一道道跟进检查、辅导直到出成品。如果企业生产管理人员真正跟踪检查到位，企业的产成品出来后就极少会存在返工的现象，不用每个产品再去反复查验了。

3. 事后总结

如果确实因技术因素或材料原因导致返工，企业生产管理人员应及时反馈给技术部门或品控部门，让其协助解决并记录存档，作为以后类似问题预防工作的参考。

动态监督存货水平

存货管理风险是指企业缺乏存货管理意识、管理机制导致的存货周转缓慢、存货损失大等现象的风险。企业保持一定量的存货对于其进行正常生产来说是至关重要的，但如何确定最优库存量是一个比较棘手的问题。存货太多会导致产品积压，占用企业资金，风险较高；存货太少又可能导致原料供应不及时，影响企业的正常生产，严重时可能造成对客户的违约，影响企业的信誉。

（一）什么是存货水平

存货水平是指生产厂商、批发商和零售商保存在其库房里的产品数量。存货水平与企业的材料采购量和客户的需求量密切相关。存货水平太低，可能造成脱销，不能满足客户的需求和中断供应；存货水平太高又会增加成本，降低经济效益。因此，为了保持适当的存货水平，企业要解决两个问题：一是订货量，即订多少货；二是订货点，即何时订货。

1. 订货量

订货量是指企业每次订货的数量。在任何情况下，企业的订货量都会遇到两个相互矛盾的因素，即订货成本和存储成本。若订货量少，则订货次数多，订货成本高，而存储成本低；若订货数多，则订货次数少，订货成本低，而存储成本高。要使总成本最少，常用的计算方法是经济订货量法。所谓经济订货量法，就是预先确定一个订货点和订货批量，随时检查库存，当库存下降到订货点时就订货，订货批量取经济订货批量。

2. 订货点

存货水平随着销售的增加而降低，当降低到一定数量时，就需要再订货、进货，这个需要再进货的存量就称为订货点。订货点的确定要考虑办理进货手续的繁简、运输时间的长短、是否容易发生意外情况等。既要保证满足企业的销售需求，又不至于因存货增多而导致存储成本加大。实际上，订货点是根据公司设定的最低库存量这一标准而制订的是否需要进行采购的时点。企业应充分考虑影响其订货点的因素，力争采购不早不晚、供应不中断、库存不积压。

（二）存货水平的监督流程

存货决策包括决定订货时间与订购数量。当存货水平下降到一定标准时，必须发出订单，此时的存货水平称为订购点或再订购点。

1. 建立健全企业存货风险管理制度

企业要结合自身的生产经营特点，组织建立存货内部风险管理制度。在企业价值链涉及存货管理的采购和销售环节，规范存货采购、领用、销售环节，建立有关供应商和销售方的信息档案，加强对供应商和销售方的信誉、资质等级管理，明确各职能部门的岗位职责，严格遵循不相容岗位分离的原则，发挥存货内部风险管理制度的牵制作用。

2. 采用 ABC 分类法对企业存货分类

企业存货品种繁多，尤其是大中型企业，存货品种更是多达几千甚至上万种。不同的存货对企业财务目标的实现有不同的作用。存货管理中，有的存货品种数量少，但金额巨大，如果管理不善，将给企业造成极大的损失；有的存货虽然品种数量繁多，但金额很小，即使管理中出现一些问题，也不至于对企业产生较大的影响。因此，企业不可能也没有必要对所有存货都严加管理。ABC 分类法就是按一定的标准把企业存货划分为 A、B、C 三类，按照重要程度进行分类管理的方法。其目的在于使企业分清主次，突出重点，以提升存货管理的整体效果。

3. 加强企业存货采购管理

（1）提升采购人员的综合业务能力。

企业的采购人员首先要有较高的业务素质，对生产工艺流程及设备运行情况要有充分的了解，掌握设备维修、备件消耗情况及生产耗用材料情况，进而做出科学合理的存货采购计划。

（2）提高企业采购信息的透明度。

企业要规范采购行为，提高采购的透明度。本着节约的原则，采购人员要对供货单位的产品品质、产品价格、财务信誉动态监控；收集各种信息，同类产品货比多家，以求价格最低、质量最优；同时对大宗原材料、大型备品备件实行招标采购，杜绝暗箱操作，杜绝采购黑洞。这样，既确保了生产的正常进行，又有效地控制了采购成本，加速了资金周转、提高了资金的使用效率。

（3）充分利用第三方物流。

企业内部的物流资源是否得到充分利用，直接影响存货的经济订货量、仓储量和存货的成本。利用第三方物流应注意以下问题：一是在内外资源的利用上，应先整合内部资源，同时还应考虑安排就业和分流富余人员等；二是应注意物流管理人才的引进和中介机构的作用，现代物流管理理论与企业存货管理，很大程度上依赖于精通现代物流管理的人才；三是加强存货管理，不能仅考虑存货的仓储成本和配送成本，还应改善企业业务流程的设计和企业分支机构及经营网点的设置。

4.构建并科学运用智能化供应链信息管理平台

供应链管理不仅可以降低采购成本，还可以扩展组织的边界，能够随时掌握存货信息，企业无必要维持较高的存货持有成本，这样既能生产出需要的产品，又不会形成存货堆积，从而降低存货持有成本。供应链管理不仅可以减少交易成本和获取信息的成本，还可以降低企业的仓储成本。

企业可以利用大数据、云计算等创新技术构建智能化供应链存货资金管理系统，利用创新技术和智能化信息平台对人、财、物、产、供、销进行全方位的科学高效集中管理，最大限度地进行存货风险控制与管理，保持企业科学合规的库存量，实现高质量存货管理。

（三）存货水平的监督方法

存货管理是将厂商的存货政策和价值链的存货政策进行作业化的综合过程。

第一种管理理念是反应方法，或称拉式存货方法，是利用顾客需求，通过配送渠道来拉动产品的配送。第二种管理理念是计划方法，它按照需求量和产品可得性，主动排定产品在渠道内的运输和分配。第三种管理理念是混合方法，即用逻辑推理将前两种方法进行结合，形成对产品和市场环境做出反应的存货管理理念。一项综合的存货管理战略将详细说明各种政策，并用于确定何处安排存货、何时启动补给装运和分配多少存货等过程。

1. 产销一体化

产销一体化的库存控制新模式将原来独立运作的两个系统，即物资需求计划系统、分销资源计划系统统一起来。这意味着供应链中的任何一个企业都可以快速、准确地掌握最终市场需求状况。信息共享的实现，有效地提高了供应链的透明度，使需求预测的准确性得到了革命性的提高。另外，通过供应链成员企业之间的协调运作，实现了统一决策、统一运作，使供应链的库存管理趋于一致性和整体化。一体化的库存控制模式可以从根本上消除牛鞭效应所带来的负面影响，因而可以大幅度降低供应链的库存水平，改善库存控制状况。

2. 联合库存管理

联合库存管理是解决供应链中各节点企业相互独立库存运作模式导致的需求放大问题，是提高供应链同步化程度的一种有效方法。联合库存管理和供应商管理用户库存不同，它强调双方同时参与，共同制订库存计划，使供应链中的每个库存管理者（供应商、制造商、分销商）都从相互之间的协调性考虑，保持供应链相邻节点的库存管理者对需求的预期一致，从而消除需求变异放大现象。任何相邻节点需求的确定都是供需双方协调的结果，库存管理不再是各自为政的独立运作过程，而是供需连接的纽带和协调中心。

3. 多级库存管理

联合库存管理是一种联合式供应链管理策略，是对供应链的局部优化控制，而要对供应链进行全局优化与控制，则必须采用多级库存优化与控制方法。多级库存优化与控制是在单级库存控制的基础上形成的。多级库存控制系统根据不同的配置方式，可分为串行系统、并行系统等。多级库存管理的方法有两种：一种是非中心化（分布式）策略，另一种是中心化（集中式）策略。非中心化策略是各个库存点独立地采取各自的库存策略，这种策略在管理上比较简单，但是并不保证产生整体的供应链优化，如信息的共享度低，容易产生次优的结果，因此非中心化策略需要更多的信息共享。采用中心化策略，所有库存点的控制参数是同时决定的，考虑了库存点的相互关系，通过协调的方法获得库存优化。但是中心化策略在管理上难度特别大，特别是供应链层次比较多，即供应链长度增加时，协调控制的难度更会增加。

销售风险管理：未雨绸缪方能处变不惊

培养应对市场变动的韧性

销售是指企业出售商品（或提供劳务）及收取款项等相关活动。销售风险是指销售环境的变化给销售活动带来的各种损失。企业所面临的市场环境是不断变化的，销售风险是不可能完全避免的，企业只能掌握处理风险的策略和技巧，积极化险为夷，才能把销售风险变为销售机会。导致这种风险发生的原因是多方面的：可能是企业的产品无法满足顾客需求、原有市场被新的竞争者争取；也可能是众多企业重复生产同一种产品，造成生产过剩、商品供过于求，即使企业产品物美价廉也难以销售出去。因此，企业要避免销售风险，一方面应该规范销售行为，努力提高产品质量、降低产品成本；另一方面需要调查研究市场动态，力求使生产经营符合市场需要，促进企业扩大销售、拓宽销售渠道、提高市场占有率。

（一）企业应对销售市场变动的总体要求

1. 全面梳理企业销售业务流程

企业应当结合实际情况，全面梳理销售业务流程。企业的销售业务流程一般包括顾客下订单、发货、收款、开发票等。其中，比较重要的环节企业要重点检查，如客户信息管理等。企业应确保管理流程科学合理，保障企业的销售活动有序正常地进行。

2. 完善企业销售管理制度

企业应该根据销售业务流程制定和完善针对销售业务活动的风险管理制度，如下订单、发货、存货、收款等方面的制度。在制定不同业务活动制度的基础上，严格贯彻执行，有效防范销售风险。

3. 查清企业销售薄弱环节

在全面梳理销售业务流程的基础上，定期督查、分析、反馈、评价销售业务流程中的薄弱环节，采取有效的风险应对措施，确保企业销售目标的实现。

（二）企业应对销售市场变动的能力要求

1. 提升销售风险识别能力

销售人员应随时收集、分析并研究市场环境因素变化的资料和信息，判断销售风险发生的可能性，积累经验，培养并增强对销售风险的敏感性，及时发现或预测销售风险。

2. 提升销售风险防范能力

企业应该提升销售风险防范能力，尽可能规避风险，特别是全局性的重大的销售风险。企业可通过预测风险，尽早采取防范措施来规避风险。企业还应积极投保，通过社会保险来转移销售风险。在销售工作中，要尽可能谨慎，最大限度地降低销售风险。

3. 提升销售风险处理能力

在无法避免风险的情况下，要提处理销售风险的能力，尽可能最大限度地降低损失，并防止引发其他负面效应和有可能派生的消极影响。

新时代销售模式创新的风险

（一）销售模式的创新类型

1. 直复营销

直复营销是发展最快的营销形式，它反映了一种朝着目标化或一对一

营销宣传的发展趋势。直复营销的概念是由文德曼（Wunderman）先生于
1967 年首先提出的。他认为人类社会开始的交易就是直接的，那种古典的
一对一的销售（服务）方式是最符合并能最大限度地满足人们需要的方式，
而工业革命所带来的大量生产和大量营销是不符合人性的。20 世纪 80 年
代以前，直复营销并不为人所重视，进入 20 世纪 80 年代，直复营销得到
了飞速的发展，其独有的优势也日益被企业和消费者了解。

美国直复营销协会对其的定义如下。直复市场营销是：一种互动的营
销系统，运用一种或多种广告媒介在任意地点产生可衡量的反应或交易。
直复营销是个性化需求的产物，是传播个性化产品和服务的最佳渠道。直
复营销有以下几个特点：①直复营销作为一种互相作用的体系，特别强调
直复营销者与目标顾客之间的"双向信息交流"，以克服传统市场营销中
"单向消息交流"方式中营销者与顾客之间无法沟通的致命弱点；②直复
营销活动的关键是为每个目标顾客提供直接向营销人员反映的渠道，企业
可以凭借顾客反映找出不足，为下一次直复营销活动做好准备；③互联网
的全球性和持续性，使得直复营销活动在任何时间、任何地点都可以实现
企业与顾客的"信息双向交流"；④直复营销通过互联网了解顾客需求，
细分目标市场，提高营销效率和效用，实现以最低成本最大限度地满足顾
客需求。

2. 新零售（零售新模式）

2016 年 11 月 11 日，国务院办公厅印发《国务院办公厅关于推动实体
零售创新转型的意见》（国办发〔2016〕78 号），明确了推动我国实体零
售创新转型的指导思想和基本原则。2016 年 10 月 13 日，阿里巴巴集团董
事局主席指出"纯电商时代很快会结束，未来的十年、二十年，线上线下
和物流必须结合在一起，才能诞生真正的新零售"。无独有偶，亚马逊于
2016 年 12 月也雄心勃勃地推出了 Amazon Go 线下便利店计划，直指在零
售业中占据庞大份额的美国便利店市场。自此，新零售成为实务界和理论
界的热门话题。

对阿里巴巴、京东、苏宁、国美等企业在新零售被正式提出后的一系

列商业举动以及媒体宣传等进行综合分析后，杜睿云和蒋侃（2017）认为新零售（零售新模式）是指企业以互联网为依托，通过运用大数据、人工智能等先进技术手段，对商品的生产、流通与销售过程进行升级改造，进而重塑业态结构与生态圈，并对线上服务、线下体验以及现代物流进行深度融合的零售新模式。

未来电子商务平台会有新的发展，只有线上线下和物流结合在一起，才会产生新零售。线上是指云平台，线下是指销售门店或生产商，新物流消灭库存，减少囤货量。新零售目前有四大商业模式：一是以京东到家为典型的网站商业模式，二是以每日优鲜为典型的前置仓商业模式，三是以永辉生活 App 为典型的单店赋能商业模式，四是以盒马鲜生为典型的新业态便利店商业模式。

3. 新媒体销售

新媒体销售是现代社会主要的营销方式，它是伴随着互联网的发展而发展起来的，以移动端和 PC 端作为工具，依托微博、微信、博客、问答平台、视频网站等多种渠道，以内容作为核心要素进行的产品宣传，最终要达到用户付费的目的。新媒体销售以其自身的多重优势逐渐发展成为当今社会的主流营销模式，并取得了较好的效果，新媒体销售有传播速度更快、方式多种多样、双向互动、具有娱乐休闲功能、时间设计合理等方面的优势。

4. 大数据销售

随着网络技术的进步，一些遗留在互联网上的数据得以被追踪处理，为企业等主体的营销提供了更有效的数据，从而使营销体系变革甚至解构。大数据有数量多、类型复杂、传播速度快、具有时效性等特征。大数据的出现，为企业在网络时代提供了一种新兴的销售模式，即大数据销售。大数据销售是基于大量数据，依托互联网的一种营销方式。

在大数据时代，运营商可以全天候、多渠道、全方位地获取用户数据信息。消费者可以被更加精细地细分，通常一个消费群体会有固定的消费偏好和位置偏好，企业利用大数据模式能根据用户近期异动情况，分析用户是否有弃用倾向，进而有针对性地采取补救措施，有效降低用户流失率，实现中高端用户存量经营。

（二）销售模式创新所带来的风险

新的消费群体和需求的产生、新的传播技术和媒介的出现、新的物流与结算方式的运用，以及基于信息技术的管理变革等，导致企业的营销环境发生了革命性的变化，也催生了林林总总的新销售模式。但是销售模式的创新也会给企业带来这样或那样的风险。

1. 销售定价的风险

在产品销售定价时，企业面临着产品定价过高或过低的两类风险：①产品定价过高，一方面会影响产品销量，另一方面广大的利润空间可能吸引新的投资者，同时也可能导致进入市场非常困难，甚至完全失败；②产品定价过低，企业可能因此失去利润而难以扩大再生产，或者是因价格混战造成多败俱伤，形成行业性亏损。例如，近几年，长虹集团在电视机行业的降价行动就导致了很多相关企业的利润下降甚至亏损，这就是价格竞争所带来的营销风险。

2. 产品销售风险

（1）产品服务风险。

产品服务风险是指因产品售前、售中和售后服务，而引发产品流和货币流的风险。为了避免产品服务风险，企业需要使为产品销售提供的配套服务能给顾客带去满意的体验，而不是使其产生抱怨和投诉。营销学上的"二五零定律"告诉我们，顾客的不满会直接破坏企业的市场，形成企业持续的营销危机。

（2）产品质量风险。

当产品质量低于顾客对质量的要求时，销售就会受阻。同时，当产品质量有重大隐患而导致顾客利益受损时，产品不仅无法实现销售，还会威胁到整个企业的生存。抱怨率、投诉率和满意率指标反映的是产品和服务的质量。当产品和服务的质量下降时，抱怨率和投诉率两大指标就升高，而满意率会降低。

（3）产品数量风险。

产品数量风险是指产品供应与市场需求不匹配所带来的营销风险。供不应求会造成市场浪费和市场损失，而供大于求会造成产品积压滞销。产品数量安全的理念要求企业的产品供应与市场需求之间保持一个合理的数量匹配关系，企业不会因这种匹配关系的失调而危及营销安全。缺货率和销售率反映的是产品数量风险状况。缺货率高，表明市场供应紧张，如不及时改变，会引起市场瓜分风险和假冒风险。销售率低表明产品供应与市场需求之间、生产能力与销售能力之间出现了严重的不对称，需要调整。

（4）产品结构风险。

产品结构风险是指产品组合在产品的生命周期、产品线等方面的搭配关系所引起的营销风险。一个企业的主要产品之间在结构上最好能保持一个生命阶段的差距。假如某种主要产品进入了成熟期，而新开发产品才进入孕育期，那么当成熟期产品步入衰退期，新产品又刚进入投入期时，企业就会出现销售风险。

3. 市场竞争风险

在市场竞争中，市场环境的不确定性因素很多，虽然每个竞争者都期望实现其预期利益目标，但总不能全都成功，必然会有竞争者在竞争中失败，承受竞争失败的损失。

企业在投资、生产和销售等市场经济活动中，都会因决策依据的信息不完全、决策手段不完善、决策执行不及时和不充分，以及竞争的加剧等而蒙受经济损失，形成竞争风险。同时，竞争风险与经营者的主观因素和市场运行状态相关，其可能的损失及其程度无法测算，是不可保险的风险，从而不能通过投保而转移，只能通过改善经营决策和经营活动降低。

（三）销售模式创新的风险管理

1. 加强营销风险识别能力

企业整个营销风险管理工作的一个重要部分就是营销风险识别。若没有营销风险识别，就无法对营销风险进行控制和科学管理。企业要不断实现营销风险识别制度化，运用德尔菲法、专家会议法、故障树法等方法对营销风险进行监测诊断，每种方法的选用要根据具体情况而定。

2. 建立风险防范与处理机构

企业要建立风险防范与处理机构。在企业内部建立风险预防相关的规章制度，并对制度的执行进行督促；对相关信息进行调查和研究，分析和评定客户的信息；加强风险防范意识和风险处理能力；最后由风险防范与处理机构对企业出现的风险事件进行统一处理。

3. 建立风险责任制

销售风险责任分配也会对营销风险防范造成影响。因此，企业要建立营销风险责任制，明晰风险责任权限，即明确风险责任主体和风险责任范围。要以主体明确为原则将难以明确的风险责任业务内容进行合并，并由同一个人或同一组人来承担，分开直接责任和间接责任。风险责任制的建立，不仅有利于企业营销目标的实现，对企业的营销行为也起到了很好的规范作用，最终确保了营销过程的安全。

4. 提高企业员工素质

企业员工素质不高或其他主观因素也是造成企业营销风险的原因。因此，需要加强对企业员工的培训，以提高员工素质。素质培训包括培训员工的政治素质、文化素质、业务素质和道德素质。在对企业的营销人员进行考核时，不仅要考核销售额及利润，也要对其责任心与有关风险防范能力进行考核。提高企业员工素质是企业市场营销风险得以控制的重要措施之一。

总之，复杂多变的内外市场经济环境导致企业的营销风险不断增加。因此，企业要在竞争激烈的环境中立于不败之地，就必须从加强营销风险识别能力、建立风险防范与处理机构、建立风险责任制、提高企业员工素质四个方面来加强和改善营销风险管理，这样才能确保企业的安全和稳定运营，促进企业发展。

< 案例分析 >

被曝销售过期食品：N 公司存在管理漏洞 [①]

N 公司 1954 年创始于美国迈阿密，是全球大型连锁快餐企业，在全球 100 多个国家及地区经营着超过 18 000 家门店。2020 年，央视 3·15 晚会曝光了 N 公司的食材问题，某市市场监管局于 2020 年 8 月 25 日对 6 家 N 公司门店处以没收违法所得和罚款的行政处罚，罚没款共计 916 504.02 元，对相关的主要负责人、直接负责的主管人员和其他直接责任人员处以相应罚款，这引发了广大消费者的热议。

1. 在食品制作过程中偷工减料

N 公司对销售给消费者的食品是有一定的原材料数量规定的，如一个皇堡需要放两片西红柿、三片芝士，但某市 N 公司 A 店，员工被发现在食品的制作过程中经常少放原材料，严重地偷工减料。

2. 篡改日期，过期食品被销售给消费者

在某市 N 公司 A 店内，已经过期、按照规定应该扔掉的食物，被员工多次延长出售时间。员工甚至将过期的面包、鸡腿贴上新的保质期标签。即便是在食物容易变质的夏天，员工也如此操作。

3. 内部运营管理控制不规范

N 公司管理层和员工知道食物变质会存在安全隐患，但上至 N 公司的总部，下至店长、员工对更换标签等事情已经习以为常。同时，在 N 公司某市王府井店的外卖平台上，有不少消费者反映 N 公司的食材不新鲜、缺斤短两，甚至有消费者称"吃了食物以后拉肚子"。N 公司内部运营管理控制极其不规范，亟须进行整改。

---

① 张静雅. 被曝销售过期食品，N 公司：管理失误，立即整顿调查 [N]. 新京报，2020-07-16.

国际化风险管理：为企业"走出去"保驾护航

▶ **本章提要**

　　全球经济一体化已是大趋势。我国据此提出了"逐步形成以国内大循环为主体、国内国际双循环相互促进的新发展格局"战略。在复杂的国际环境下，企业应如何抓住发展机会与应对挑战，做好国际化跨境投融资、跨国企业经营的风险管理，为企业"走出去"保驾护航，是需要重点关注的问题。

▶ **情境导入** [①]

某钢铁集团跨境收购塞拉利昂唐克里里铁矿损失巨大

　　某钢铁集团组建于 2008 年 3 月，是某省国有特大型钢铁企业，注册资本 100 多亿元。

　　2012 年，该集团响应"一带一路"倡议，跨境投资 15 亿美元获得非洲塞拉利昂唐克里里铁矿项目 25% 的股权。2014 年 2 月，因持有该项目 75% 股权的非洲矿业公司营运资本不足，塞拉利昂唐克里里地区矿山关停。该集团为保护前期投资，于 2015 年 4 月被动收购了非洲矿业公司在唐克里里铁矿项目全部股权并再次投入资金进行整改复工。2018 年 8 月，塞拉利昂政府换届，新的政府宣布暂停唐克里里铁矿石项目许可证，在"合规审查"完成前不得再出口任何铁矿。

　　至此，运营不足 3 年、投资百亿元的矿山被迫关停，该集团损失惨重。

---

① 戴岳.15 亿美元收购项目陷停顿，某钢铁集团赴非坎坷购矿路 [EB/OL]. 山东财经（经济导报），（2016-11-21）.

2016 年 11 月，该集团董事长、负责此矿山收购的总经理双双引咎辞职。

该集团在非洲塞拉利昂投资为什么会失败？除该省国资委在检查巡视该集团时指出的"关乎企业生存发展的重要事项，调研论证不充分、决策程序不规范，决策失误问题屡有发生"外，该集团还在一些细节上出现失误。例如，尽职调查不充分，依赖当地政商关系，对该国家政治局势判断不准；对合作方（非洲矿业公司 / 高管）情况了解不足，对矿产资源未做细致勘测等。

我国企业"走出去"跨境投融资，应该怎样抓住机遇、迎接挑战？特别是对不熟悉国家或地区的政治环境、政商关系、腐败问题、股权关系等风险如何加强识别和管控？这是我国企业必须面对的难题。

"双循环"新发展格局

"双循环"新发展格局产生的背景

"双循环"新发展格局是指加快形成以国内大循环为主体、国内国际双循环相互促进的新发展格局的战略决策[①]。

从国内发展看，改革开放以来，我国经济飞速发展，经济体量和市场规模不断增大，我国目前已经跃升为世界第二大经济体。我国居民收入水平持续提高，产业结构在不断变化，内需也在不断扩大，出口在我国 GDP 中的占比将逐步降低，中国经济向以国内大循环为主体转变是必然的发展方向。

从国际形势来看，世界经济区域集团化等因素，导致部分国家经济受到相当大的冲击，国际贸易也遇到阻碍。加之国际市场不确定性增强，我国出口受到不利影响。在国际市场需求低迷的情况下，我们需要加快释放内需潜力、激发国内大循环活力。

"双循环"新发展格局，是根据我国发展阶段、环境、条件变化做出的战略决策。它为我国企业坚定了信心，有利于企业抓住高质量发展的宝贵机遇，为我国企业有足够能力应对各种挑战提供了战略目标。

面对严峻复杂的形势，我国最高决策层提出：在当前保护主义上升、世界经济低迷、全球市场萎缩的外部环境下，我们必须集中力量办好自己

---

① 刘鹤.加快构建以国内大循环为主体、国内国际双循环相互促进的新发展格局 [EB/OL].

的事，充分发挥国内超大规模市场优势，逐步形成以国内大循环为主体、国内国际双循环相互促进的新发展格局，提高产业链供应链现代化水平，大力推动科技创新，加快关键核心技术攻关，打造未来发展新优势。以国内大循环为主体，绝不是关起门来封闭运行，而是通过发挥内需潜力，使国内市场和国际市场更好联通，更好利用国际国内两个市场、两种资源，实现更加强劲可持续的发展。[①]

发展机遇与挑战

当今世界正经历百年未有之大变局，新一轮科技革命和产业变革深入发展，国际力量对比深刻调整，同时经济全球化遭遇逆流和回头浪，单边主义、保护主义抬头，突如其来的新冠疫情增加了外部环境的不稳定性和不确定性。在境外开展业务，外汇交易、制度及授权许可的变化、资产接收等政治风险成了令人头疼的问题。

从境内来看，我国已转向高质量发展阶段，制度优势显著，经济长期向好，社会大局稳定，但是我国发展不平衡不充分问题仍然突出，重点领域关键环节改革任务仍然艰巨。在发展机遇与挑战共存的时刻，要充分认识目前面临的不确定性，既要识别风险、防范风险，也要把握时机，勇于挑战。

例如，麦肯锡全球研究院就中国经济与世界融合存在的机遇与挑战，从 8 个维度进行了深入分析。[②]从报告中既可以看到我国和世界的差距，也可以寻找发展的机会，这正是我们所说的机会与风险并存。中国的经济贸易与世界融合的空间如表 7-1 所示。

---

① 人民日报 . 新知新觉：把握新发展格局的科学内涵 [EB/OL].
② 麦肯锡全球研究院分析（2018 年）。

表 7-1　中国的经济贸易与世界融合的空间

	中国的经济贸易（优势）	与世界融合的空间（机会）
贸易	中国 2013 年以来一直是全球第一大贸易国，如 2017 年贸易额占全球商品贸易额的 11.4%	中国 2017 年的服务贸易额仅占全球总量的 6.4% 左右
企业	中国拥有 110 家《财富》世界 500 强上榜企业，数量与美国相当	这些企业的收入仍然主要来自境内市场（境外营收仅占 18%，而标普 500 企业的平均比例为 44%）
资本	中国拥有庞大的金融系统（全球第一大银行系统、第二大股票市场、第三大债券市场）	跨境流动（美国的流动规模是中国的 3~4 倍）和外资参与度相对有限（银行、股票和债券市场外资占比尚不足 6%）
人员	中国是全世界最大的留学生（在 2017 年高等教育阶段国际留学生中占比 17%）和出境游客（出境游 2018 年达到 1.5 亿人次，为全球之首）来源地	人员流动的地区仍然较为集中（60% 的留学生前往美国、澳大利亚和英国），移民中国的外国人仅占全球移民总数的 0.2%
技术	中国投入巨资开展研发（2018 年以 2930 亿美元的研发支出位居全球第二）	仍然需要进口技术（仅 3 个国家就为中国贡献了一半以上的技术进口）和进口知识产权（中国知识产权进口额是出口额的 6 倍）
数据	中国拥有全球最大的网民群体（规模超过 8 亿人），产生了海量数据	跨境数据流动的规模很有限（位居全球第 8，仅为美国数据流动的 20%）
环境影响	中国在可再生能源方面的投资占到全球的 45%	依然是全球最大的碳排放源（占全球年总排放量的 28%）
文化	中国正在大举提升全球文化影响力（2017 年，全球票房排名前 50 的电影有 12% 在中国拍摄了内容，而 2010 年仅为 2%）	文化影响力仍然有限（电视剧出口额仅为韩国的三分之一）

　　面临挑战，抓住机遇，企业不能是一个鲁莽的冒险者，而应该是一个睿智的风险管理者。在挑战和机遇面前，通过不断实施可行的战略、策略来化解风险，并把风险转化为突破性的成长良机。许多成功的企业都会把提升风险化解能力当作必备的竞争策略。在全球化的激烈竞争环境中能迅

速崛起，比竞争对手获利更多、经营风险更小，都源于卓越的企业风险管理。企业只要利用大数据，分析机遇和挑战，建立有效的预警机制，主动地化解风险，就可能把挑战转为增长机会。

面临挑战，抓住机遇，这和企业的战略制定是分不开的，更和企业的战略风险管控息息相关。企业在制定战略风险管理策略时，除了关注监管风险和地缘政治风险等之外，在抓机遇、迎挑战过程中，还要对下列常见的风险进行重点管控，这些风险威胁大多数企业的发展。

（1）对他国法律法规、监管制度了解不多，应对不当。

（2）对政治风险评估不足，遭遇他国选择性执法。

（3）没有入乡随俗，不了解当地政策和风俗。

（4）不重视第三方合规管理，导致自身风险加大。

上述每一种风险都会导致企业遭受重大损失。因此企业在抓机遇、促转型、迎挑战过程中，必须记住两个原则，即规避可以规避的风险、降低无法回避的风险。遗憾的是，目前依然有一些中资企业在对外贸易中，做不到提前了解对方的情况，既没有充分了解政策，也没有全面研究交易企业，更忽略了对具体执行者的观察和判断，最终给企业、给国家带来了巨大的损失。

〈 案例分析 〉

从 O 集团看海外项目投资风险 [①]

O 集团主要经营家用电器，在国内是家电行业的前三强，在中国企业500 强中也排于前列，并成功在东南亚地区发展多年。

2011 年 4 月，O 集团与 A 国的合作伙伴 × 先生合资在 A 国成立组装工厂及销售公司，集团把国内的产品零部件出口到 A 国，并在当地完成组装。成立初期，该合资公司发展顺利，不到 2 年就在 A 国家电市场取得了

---

① 李永 . 折戟 A 国之痛 [J]. 中国外汇，2014(10).

10% 的市场份额，成为 2013 年 O 集团旗下销售额最高的海外公司。

2014 年，该 A 国合资公司却从蒸蒸日上的辉煌中陷入了完全意料之外的败局：工厂所在的土地被政府收回，办公楼、所有生产线被法院查封。多家债权人向当地法院提交了该合资公司的破产保护，公司还面临着 100 多个与经销商或消费者之间的诉讼。

外方投资人 × 先生在这时放弃了这家合资公司，导致 O 集团被迫接手了合资公司的烂摊子，经核算，O 集团的损失超过 5 亿美元。

合资公司的经营危机看似突然，其实并不突然，实际上该公司的很多严重问题都被故意掩盖了，这和 O 集团不了解当地法律、外方投资人 × 先生与外部审计机构的"勾结"都有关系。在合资公司陷入危机之后，O 集团重新聘请了世界知名的会计师事务所对 A 国合资公司进行审计，发现了很多非常严重的财务问题，例如，为了提高销售业绩，外方投资人 × 先生采取了给经销商更长的付款期、降低资质审核要求的销售政策等，导致很多经销商赊货的风险可能导致的亏损额，远远高于预期获得的利润。更为严重的是有证据显示外方投资人 × 先生涉嫌将公司部分收益非法转移到海外。

从以上可以看出，O 集团不懂 A 国法律、不懂 A 国语言、未做细致调查、对合作伙伴过分信赖，是导致投资项目失败的重要原因。

跨境投融资风险管理：与全球资本共舞

因汇率而"转盈为亏"

⟨ **学习链接** ⟩

　　根据 Wind 数据，截至 2021 年 6 月 11 日，4330 家 A 股上市公司中在 2020 年年报中披露汇兑损益情况的公司有 3565 家，占比 82.33%，汇兑损益的加总净值为亏损 257.64 亿元，其基本情况见表 7-2。与 2019 年汇兑盈余 8.94 亿元、2018 年汇兑损失 55.67 亿元相比，2020 年汇兑损益波动较大，见图 7-1。这表明，随着中企国际化、全球化水平的日益提高，企业汇率风险管理的重要性也在凸显。

表 7-2　2020 年 A 股上市公司汇兑损益基本情况

	汇兑损益			
	数量（家）	占比	加总净值（亿元）	均值（万元）
已披露	3565	82.33%	257.64	722.71
其中：亏损	2757	63.67%	621.69	2254.96
0	6	0.14%	0.00	0.00
盈利	802	18.52%	−364.05	−4539.26
未披露	765	17.67%		
总数	4330			

注：正值为汇兑损益的亏损，负值为汇兑损益的盈余。

数据来源：Wind。

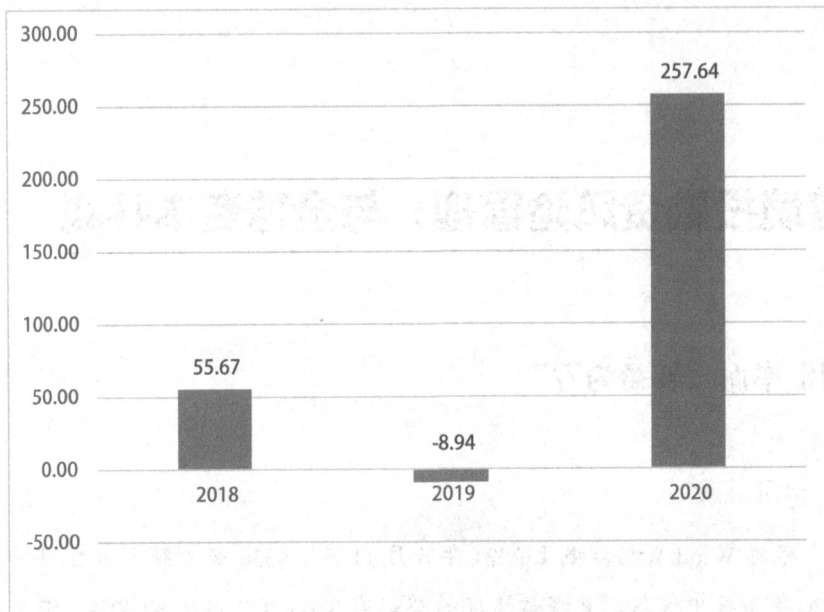

图7-1 2018—2020年A股上市公司汇兑损益加总净值（单位：亿元）

注：正值为汇兑损益的亏损，负值为汇兑损益的盈余。

数据来源：Wind。

（一）汇率的定义

汇率又称为兑换率、外币行市、外汇行情、外汇牌价，简称牌价或汇价。汇率是各国货币之间相互交换时换算的比率，即一国货币单位用另一国货币单位所表示的价格。这种价格联系着不同国家的货币，使人们对各国货币能够直接进行比较。

汇率变动对一国进出口贸易有着直接的调节作用。在一定条件下，通过使本国货币对外贬值，即让汇率上升，会促进出口、限制进口；反之，本国货币对外升值，即汇率下降，则起到限制出口、增加进口的作用。

汇率风险是指跨国公司在其经营活动中，因外汇汇率变动而使公司的负债和支出增加、资产和收益减少的可能性。跨国公司进行国际投资时首先要受公司所在国国际货币价值的影响，对兼营涉外业务的跨国公司来说，若经营所在国的货币对应本国货币的价值下跌，则本国企业的涉外经营业务就面临着折算风险。

汇兑损益是企业财报中反映企业受汇率影响的一项指标，指企业持有外币货币性资产和负债期间，汇率变动引起的外币货币性资产或负债的价值发生变动而产生的损益。企业在涉外经营活动中产生的汇兑损益，主要有两种情况：一是由于现汇兑换产生的汇兑损益，是指企业因境外经营需要兑换外汇后，导致实际购买力上升或下降而形成的汇兑损益；二是在账务核算期间，企业在编制以本币计价的资产负债表时，会将境外的资产和负债按照当期汇率折算，并用期末本币计价减去期初本币计价，二者的差额就是汇兑损益。

（二）汇率风险的影响因素

汇兑损益具体计算公式如下。

期末汇兑损益 = 期末外汇敞口 ×（期末外汇汇率 – 期初外汇汇率）

从该计算公式可以看出，影响企业汇率风险的因素主要有 3 个。

（1）同币种外汇资产和外汇负债轧差后的外汇敞口金额，轧差后外汇敞口越大，企业面临的汇率风险越大。

（2）汇率波动幅度，核算期间汇率波动幅度越大，企业面临的汇率风险越大。

（3）外汇敞口的存续期限，期限越长则不确定性越大，企业面临的汇率风险越大。

动态来看，汇兑损益是企业外汇风险敞口（规模、期限）和汇率变动的共同结果。由于汇兑损益度量了企业外汇的交易和折算风险，因此可用以表明汇率给企业带来的影响程度。

（三）汇率风险管理

由于汇率风险管理专业性强、复杂度高，且受到企业自身管理经验、风险偏好、业务类型、经营模式、人员素质等多种因素影响，不同企业面对的汇率风险管理难度、管理策略、管理水平也不尽相同，因此企业要在既定的汇率风险管理原则下，不断积累经验，协同整合内部管理机制，提升对汇率风险的系统应对能力，摸索建立符合自身业务实际情况的汇率风险管理体系，并对这一体系持续进行调整和优化。

1. 建设跨境投融资企业汇率风险管理体系

（1）要做好顶层设计，确定相应的组织管理机构。跨境投融资企业集团，可充分发挥集团内部财务公司的专业优势，在集团内实行汇率风险统一管理。企业财务公司用同一平台办理企业集团内部各公司的结汇、购汇业务，实现企业集团内部外汇风险敞口的自然对冲；通过企业财务公司内部结算实现人民币/外币资金封闭结算，提高资金的使用效率。

（2）企业集团的外汇净敞口通过企业财务公司在外汇交易市场上交易，还可享受更为优惠的结售汇价格。企业集团通过专业化操作和统一结售汇管理，可以实现降本增效、安全合规运作等管理目标。

2. 建立完善的风险管理内部规章制度

企业汇率风险管理体系建设需要制定相应的内部管理规章制度，以确保体系运转过程有规可循，依规而做。在集团总部层面，需要制定、下发汇率风险管理办法，明确汇率风险管理体系的原则、组织架构、各方职责、运作模式以及奖惩措施等；各企业根据总部下发的汇率风险管理办法，结合自身业务实际，制定企业汇率风险管理的实施细则，明确企业在集团总部授权的汇率风险管理职责中具体的执行规则；企业财务公司根据结售汇业务操作需要，制定相应的操作规范，确保前、中、后台分离以及业务操作的合规等。

企业汇率风险体系建设要重点管理整体汇率风险净敞口。企业的业务类型和业务链条不同，面对的汇率风险也不同。比如，贸易进口企业需要使用人民币购汇支付外方货款，汇率风险主要为人民币贬值增加购汇成本，以及以外币应付账款折算的金额导致进口物资失去价格竞争优势被境内产品替代等降低企业利润和市场份额的风险；而贸易出口企业则恰恰相反，汇率风险主要是人民币升值减少结汇收入，以及外币应收账款结算的金额导致失去国际市场价格竞争优势等降低企业利润和市场份额的风险。境外投资企业则面临更为复杂的汇率风险影响。在投资阶段，存在人民币贬值增加投资成本的风险；在投资回收阶段，则存在人民币升值减少投资收益的风险。再者，境外经营中还面临记账本位币与资产负债业务实际交易币种不一致带来的汇率风险，以及总部并表时的汇率折算差异风险等。此外，部分大型企业集团业务经营链条为上、中、下游一体化模式，上游企业生产的产品也是中、下游企业的主要原材料，汇率风险的影响将会从上游链条向中下游传导；部分链条涉及集团外部企业，还会引入或转移部分汇率风险。同时，汇率风险也会随时间的推移而发生各种变化。因此，企业集团的实际汇率风险敞口并不是企业不同业务单元的风险敞口的简单加总，而是应在前期各业务单元自行管理汇率敞口的基础上，根据业务实际，对企业内部的各种汇率风险敞口进行深入分析，再据此优化业务流程，从根源上降低汇率敞口的产生，即在基层业务汇率风险形成时就采取必要措施加以管控，以降低汇率风险对企业的整体影响。此外，企业还可通过整体测算汇率风险净敞口，更加有针对性地做好净敞口管理，避免重复操作，提高汇率风险管理的效率。

3. 守住汇率风险中性理念

企业建设汇率风险管理体系要坚持套期保值原则，坚决守住汇率风险中性理念，不以营利为目的。目前，对企业的考核通常以利润总额为重要指标，没有专门的汇率管理指标。因此，企业在考核利润总额指标的驱动下，会倾向于对市场进行研判，旨在在具体操作中能准确预判市场走势，执行有利操作，获取收益。

例如，企业为了消除未来汇率波动对企业收入的影响，利用金融衍生工具锁定未来美元收入的结算汇率，那么在到期结算时，如果人民币升值，企业会享受锁汇带来的收入保障，甚至会将其作为汇率管理工作的业绩；但如果人民币贬值，企业则往往会懊恼锁定了汇率，甚至对锁汇操作产生怀疑，否定相关业务决策人员的工作。这种以即期汇率判断前期汇率管理工作成效的情况，会对汇率风险管理及其管理人员带来较大的负面影响，给企业的后续汇率管理工作带来困扰。无法保证研判结果的准确性会导致汇率风险管理偏离消除汇率波动影响的目标，并可能将汇率风险管理由"风险消除"引向"风险逐利"——为获取更多收益而冒险超出套保比例操作，与市场进行博弈，最终导致企业承担超出承受能力的风险。

为避免上述情况的发生，企业汇率风险体系建设必须把管理目标、管理原则固化到系统运行中，使得汇率风险管理工作能按照风险中性理念进行。企业管理层要充分理解消除汇率波动风险既包括消除汇率波动带来的损失，也包括消除汇率波动带来的收益；汇率风险管理评估的是通过汇率风险管理降低汇率波动性带来的不确定影响，而不是在降低汇率波动性过程中额外出现的利润增额。

4. 加强企业内部各部门的协同合作

汇率风险管理在企业内部管理中属于业务配套管理，是外汇资金管理的一部分，由于其具备高风险性和金融属性，若出现问题，往往会给企业带来较大的影响。企业需要从会计、金融、税收、法律、内控、审计等多个业务维度加以管控，特别是加强对业务的真实性、合规性的审查。汇率风险管理既要防止消极应对，又要防止过度操作。通过分级授权机制，从签署业务合同到执行，再到分析评估，各级业务部门要协同合作、相互监督、相互制约，避免个人决策因素干扰，切实对汇率风险形成系统管控。

5. 信息、数据系统支持

对企业内部汇率风险管理的相关数据进行统计分析，需要强大的信息系统支持。特别是对业务涉及国别较多、业务链条复杂的跨境企业集团来说，汇率管理工作难度更大，需要建设汇率风险管理配套信息系统，支持对不同货币、不同层级企业、不同期限等汇率风险敞口的查询、统计分析和监管。通过信息系统收集、分析和整理大数据，实现汇率风险预警，提高汇率风险管理的及时性、准确性，真正发挥汇率风险管理体系的作用。

6. 培养金融专业人才，加强监督管理职责

要重视针对汇率风险管理工作的业务培训，重视对金融专业人才的培养。目前，从事汇率风险管理等金融属性业务的财务人员，大都缺乏系统培训和业务指导，其业务技能的获得与提升则主要靠自我提升和从工作实

践积累经验。这导致企业汇率风险管理体系作用的发挥大打折扣。加大对金融专业人才的培养，充实企业基层专业人才，落实管理职责，既可规范、合规操作，也可以起到加强监督管理的作用。

境外舞弊要受到长臂管辖

（一）舞弊与反舞弊

1. 舞弊的定义

有关舞弊的定义有很多种，法律界、审计职业界以及社会公众对舞弊都有不同的认识。

《韦伯斯特词典》中的定义为："舞弊是指有意设置骗局、陷阱，以使某个人或某些人丧失财产或某些合法权利。"我国《现代汉语词典》中对舞弊的定义是："用欺骗的方式做违法乱纪的事情。"这主要是从法律角度进行定义的。从法律角度来看，舞弊包括了诸多犯罪形式，如挪用、盗窃、诈骗、行贿受贿、逃税逃汇等。

美国著名法务会计学者约瑟夫·T.韦尔斯（Joseph T.Wells）认为"舞弊是指舞弊者为了自己的利益，故意设置骗局使受害人的财产或合法权益受到损害或分离，这种骗局常常会涉及虚假的或误导性的语言或行为，或存在故意遗漏或隐瞒事实真相。舞弊的显著特征在于行为出自故意"。[1]

笔者较为认同中国政法大学教授张苏彤先生对舞弊的定义，即舞弊是以非法占有他人财物为目的，采用欺骗、隐瞒、引诱的隐蔽手法，倾尽其智慧能力进行策划与实施，能够对受害人造成经济上的损失与精神上的伤害的一种故意的行为[2]。

---

[1]　WELLS A. Occupational fraud and abuse[M]. New York:Obsidian Publishing Co,1997:4-5.

[2]　张苏彤. 法务会计——理论·实务·案例·习题 [M]. 北京：首都经济贸易大学出版社，2019:109.

2. 舞弊的分类

美国注册舞弊审查师协会（Association of Certified Examiner，ACFE）公布的报告中，把舞弊分为以下3类。

（1）资产滥用

资产滥用是指任何涉及盗窃或不正当使用组织财产的舞弊，如盗窃现金、假发票报账、工资单舞弊、伪造支票、侵占非现金资产等。

（2）腐败

腐败是指任何利用对企业的影响获得与对雇主忠实义务不符的非法利益的舞弊，如接受或支付回扣、参与利益冲突的交易等。

（3）财务报表造假

财务报表造假是指通过编制虚假财务报表使企业虚增资产、虚减负债、虚构收入与利润等，以达到粉饰业绩、骗取投资人和债权人的信任。

3. 舞弊的成因——舞弊三角理论

舞弊三角理论是由史蒂文·阿尔布雷克提出的。舞弊主要是由感受到的压力、舞弊的机会、自我合理化3个方面的要素构成的，舞弊三角理论如图7-2所示。

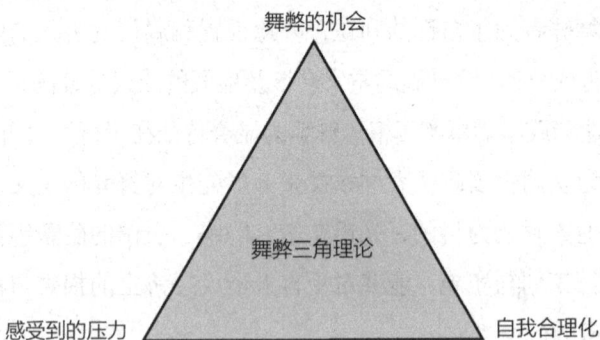

舞弊的机会

舞弊三角理论

感受到的压力   自我合理化

图7-2 舞弊三角理论

（1）感受到的压力。它包括与财务、恶习、工作相关的压力及其他压力。例如，个人的贪婪、对奢侈生活方式的追求、个人过重的债务负担、恶劣的信用记录和突然蒙受的重大损失等都会导致舞弊的发生。

（2）舞弊的机会。一般认为，环境缺陷给舞弊发生提供了机会，它是由以下 6 个主要因素创造的，分别为：缺少或绕过能够防止或发现舞弊活动的控制、无法评价员工工作质量、疏忽了对员工的纪律约束、缺乏信息沟通、无知冷漠与低能、缺乏内部审计。

（3）自我合理化。自我合理化是指人们在实施舞弊时都会给自己找一个借口或理由来说服自己，让自己的舞弊行为成为被自己接受的行为，常见的借口有临时借用、别人也这样等。从根本上说，自我合理化体现了员工缺乏对组织的忠诚。

4. 舞弊的危害及分类

2020 年，ACFE 发布的《2020 年 ACFE 全球舞弊调查报告》称，腐败是全球各地区最常见的问题。该组织通过对来自 125 个国家的 2504 起职业舞弊真实案件进行统计，发现因舞弊造成的总损失高达 36 亿美元。每个舞弊案例从案发到调查平均耗时 14 个月，带来月均 8300 美元的损失。其中，挪用资产发生率（86%）最高，带来的损失中位数为 10 万美元；财务造假的发生率（10%）最低，带来的损失中位数高达 95.4 万美元。发生舞弊的部门中运营部门占 15%，财务部门占 14%，所有者或高管占 12%，销售部门占 11%；从平均造成的损失来看，所有者或高管平均带来 60 万美元的损失，经理人带来 15 万美元的损失，一般雇员带来 6 万美元的损失。统计表明，43% 的舞弊行为通过举报被发现，其中近一半的举报者是公司员工。

5. 舞弊风险管理

舞弊风险管理是指社会组织或者个人用以降低舞弊风险以及减轻舞弊的负面影响的一个管理过程。舞弊风险管理主要包括 4 项内容：舞弊预防、舞弊风险评估、舞弊发现和舞弊应对。

（1）舞弊预防是指运用政策、程序、培训手段等防止舞弊发生，是重要的、有效的舞弊管理方法，能降低成本，增加效益。舞弊预防包括反舞弊治理和反舞弊文化建设两个部分。

（2）舞弊风险评估是采取舞弊风险评估工具对组织内部存在的舞弊风险进行测评，通过舞弊风险识别、分析和评价，确定舞弊风险的程度，有针对性地采取应对措施，使组织内部的舞弊风险保持在可以承受的范围内。

（3）舞弊发现是指运用适当的技术手段尽早地发现舞弊的存在，在舞弊活动给组织带来较大损失之前，纠正相关人员的舞弊行为，尽可能减少舞弊带来的损失。

（4）舞弊应对是指采取有效的方法对舞弊活动进行识别，对已发现的舞弊调查取证、采取措施，以及完善反舞弊制度。

对一些发生在企业内部的舞弊来说，即使管理层接到确切的举报或者有明确的怀疑对象，也不能立刻"拿下"，而是要在现有线索的基础上进行详尽的调查取证，要知道，即使举报是实名的，且描述了大量细节，也只能作为线索而非有效的证据。有时这样的调查不但需要企业内部各部门的联合行动，还要谋求外部专家的帮助，这样才能够找出证明舞弊行为的充分证据，企业也才能够确定下一步该采取何种行动。

❬ 案例分析 ❭

M 公司高管团伙舞弊，公司损失近 5 亿元 [①]

某跨国公司（K 公司）成功收购一家境内民营企业（M 公司），考虑到 M 公司经营的稳定性和连续性，K 公司决定仍由 M 公司原管理层管理经营。收购后，K 公司多次收到关于 M 公司多名高层管理人员舞弊的举报信，其中 3 封比较详细。第一封举报 M 公司人力资源经理 Y 长期收受劳务中介公司贿赂，公司总经理 L 放任 Y 的舞弊行为。第二封重点举报公司分管行政后勤的资深副总经理 W 收受回扣，年收回扣额达到数百万元。第三封主要举报总经理 L 帮助 X 的公司控制部分采购渠道，X 的公

---

① 张苏彤，黎仁华，贺三宝．法务会计研究 [M]// 邓莹，姜汝川．侦查思维在企业内部反舞弊调查中的指导作用．北京：首都经济贸易大学出版社，2022:177−184.

司的利润高达 30%~60%；还举报 L 和 W、Y 及公司重要部门的负责人组成腐败利益团伙。

考虑到 M 公司存在管理层集体舞弊的可能性，K 公司决定聘请外部调查、审计专家在公司人力资源、法务等部门配合下开展调查。调查结果显示，举报信内容大都属实。针对举报线索的调查结果如表 7-3 所示。

表 7-3　针对举报线索的调查结果

对象	职务	举报线索	调查结果
Y	人力资源经理	·使用没有培训资质的劳务公司为公司及下属多家工厂进行培训服务 ·给培训公司明显高于市场平均价格的培训费 ·培训公司按 M 公司用工人数比例给 Y 提成	·WG 劳务公司没有劳务培训资质 ·Y 给培训公司的培训费比当地平均价格高 15% ·调查的 15 家劳务公司（包括 8 家 M 公司合作商）都会给用工单位主管回扣
W	副总经理（分管行政后勤）	·副总经理 W 分管劳务、餐饮、交通等业务，他的妹夫 J 和下属 D 每个月固定时间替他收受回扣 ·W 每年收受的回扣达到 500 万~600 万元	·被访谈的劳务、餐饮、交通公司都表示有专人每月固定分别与 J 或 D 见面并给其回扣。 ·多家提供劳务、餐饮、汽车租赁等服务的公司业务负责人反馈了以下内容：要想成为 M 公司供应商必须经过 W 同意，必须给他回扣；10 多家餐饮公司每天给 M 公司（3 个厂）提供快餐盒饭约 6 万盒，每天的回扣约 3 万元（每盒回扣 0.5~1 元）；M 公司（3 个厂）每天雇大巴约 200 辆，往返 400 趟，价格 150 元 / 趟，按 15% 提成，一天提成 9000 元。但这些回扣不是 W 一人得到

续表

对象	职务	举报线索	调查结果
L	总经理（兼多家下属工厂法人代表）	·总经理 L 通过 X 控制 M 公司多家下属工厂大部分采购渠道 ·X 的公司为 M 公司提供的产品利润高达 30%~60% ·L 还通过下属员工收受其他供应商 3%~20% 的回扣 ·L 和 W、Y 等一些重要岗位负责人是老乡，形成了腐败利益团伙	·多家提供高价易耗品的供应商的负责人反馈，他们通过 X 的公司给 M 公司提供材料，这些易耗品数量大、利润高。调查发现：X 与直系家人交叉成立 8 家公司，有 6 家公司是 M 公司的供货商；X 与 L 不存在关系，但 X 的妹妹与 L 有一个孩子 ·经对 X 名下的多家公司的废弃物进行搜集，发现大量对账单，内含货品规格、数量、价格等明细单，证明 X 的公司赚取差价达 20%~50% ·大部分供应商接触不到 L，L 从不直接收取客户的财物 ·L、W 和 Y 都是老乡，私交甚好

本案是由 3 起个案举报引出的，舞弊审查人员通过前期调查发现该公司团伙舞弊线索，聘请独立第三方专业调查公司介入调查，通过专业访谈和证据收集，运用侦查思维和心理学专业知识、方法和与嫌疑人面谈，运用证据链锁定舞弊证据，使不同职位的舞弊者承认了其舞弊行为。结合审计，最终确认 M 公司高管腐败利益团伙在近 8 年时间里，贪腐数额总计 5 亿元之多。

〈 学习链接 〉

某采购企业舞弊风险防范措施和方法[①]

随着中国经济持续复苏，投资增速稳步回升，建筑和房地产业表现出良好的增长态势。此外，工业制造业、生物医药、医疗健康、互联网、金融等行业，也通过投资自用固定资产或经营性建设项目，实现了扩充产能、

---

① EY 安永. 工程建设项目中采购相关的舞弊风险防范与应对 [EB/OL]. (2021-1-28).

优化结构、开拓市场的战略性发展。

由于工程建设项目采购具有资金规模大、实施周期长、牵涉的部门多、业务流程复杂等特性，风险管控难度较大，容易成为舞弊滋生的温床。特别是主营业务非工程建设的企业，其内部控制、内部审计或合规管理的实务人员往往缺少工程项目管理的专业知识，对工程项目采购的风险管理局限于表面流程控制，导致内部审计、内部控制、合规管理落地执行的有效性减弱，甚至引发采购舞弊或贿赂风险，严重影响了企业的声誉和投资建设目标。

1. 工程建设项目采购中常见的合规与舞弊风险分析

工程建设项目的舞弊风险贯穿于项目的整个生命周期。其中，工程采购是工程建设项目管理过程中尤为重要的环节，是决定工程建设成败的重要因素之一。工程采购涉及国家相关法律法规、公司规章制度与流程的执行以及众多部门的参与和配合，它决定着施工单位、服务商、建筑材料以及设备设施的选择，直接影响着整个项目质量、成本、进度以及安全目标的实现。

在实际的项目经验中我们发现，很多企业对工程项目采购管理粗放，团队能力参差不齐，集团或总公司层面的内部控制、合规要求难以在项目上得到切实执行，可能直接会对工程项目成本、质量、进度以及合规目标等方面造成一系列负面影响。

2. 工程建设项目采购相关的合规与反舞弊风险的应对措施与发展趋势

（1）工程建设项目采购中合规与反舞弊的应对措施。

为防范与遏制舞弊现象，我们制订了一套行之有效的合规与诚信管理体系，帮助企业实现基于"事前、事中、事后"全流程、多角度的工程采购合规管理，有效地防范、发现、应对采购舞弊风险。通过加强工程采购管理制度以及合规管理程序的建设，预设详细的行为指引与合规标准；对工程采购管理实施动态监控与风险评估工作，及时发现潜在的舞弊风险并纠偏；通过举报途径调查与处理舞弊事件及涉事人员，有效扼制类似事件的发生。

（2）工程项目管理合规与反舞弊的发展趋势。

工程项目合规管理与反舞弊的工作机制是预防、控制、监督、问责，但问责不是最终目的。有效的工程项目合规体系是为了最大限度避免舞弊事件的发生，或者通过合规管理减缓对企业或项目的影响，因此合规管理的工作重心逐渐由监督、问责向预防与控制转变。从实际执行层面来讲，是从对施工阶段或合同结算阶段的合规管控转向对前端策划与采购阶段的管控。

此外，工程项目合规管理需要根据企业业务需求的变化及时调整合规管理方向，提高项目合规管理的主动性与覆盖全面性，不断提高合规制度完善性，加强采购前端审查的频次以实现警示作用，并实现调查手段从人工向智能化的转变。

3. 结语

工程建设项目采购舞弊因其存在的普遍性和手法的隐蔽性，长期以来都是困扰企业合规管理的难题。企业和工程项目管理团队需要建立从上至下的合规管理基调与使命价值观，落实管理层的合规领导职责，充分调动企业人员、流程、数据和系统资源，建立以"防范、发现、应对"为基本的合规管理体系，定期执行采购专项审查识别不合规事项与舞弊行为，对工程项目采购制度流程加以持续改进，建立更加有效且有针对性的监督机制以及改善方向。这将有助于企业更好地提升工程建设项目采购舞弊管控水平，更有效地预防及尽早警示潜在舞弊事件，并最大限度地降低采购舞弊行为给企业带来的损失。

（二）长臂管辖的由来

长臂管辖（long arm jurisdiction）最早是美国民事诉讼中的一个重要概念，是指当被告人的住所不在法院地州，但和该州有某种最低联系，而且所提权利要求的产生已和这种联系有关时，就该项权利要求而言，该州对该被告人具有属人管辖权，可以在州外对被告人发出传票。

1977年美国颁布的《反海外腐败法》，是目前美国控制企业海外商

业贿赂行为的重要法律。它的执法范围包括：外国公职人员、已注册证
券发行人、有权限呈交各类报表的人、各类领导人、行政高层、证券发
行人或股东的代表或为他们工作的人的腐败行为，以及上述人群以权谋
私、渎职违纪、收受各种形式的贿赂，包括各种口头或书面约定承诺
等，以操纵国际贸易或利用权力对公共代理人行使职权而构成恶劣影响
或唆使其收受好处、违反其法律义务的，或协助证券发行人为市场交易
的其中一方占有或者保留市场份额，或直接接触市场交易的其中一方帮
助他们占有市场的行为。

《反海外腐败法》一出台便自带域外属性。根据该法律规定，企业不
需要在美国设立，也不存在美国业务，只要企业经营行为与美国市场、美
国企业、美国机构有联系，美国就可以管，如果法院认定企业和企业高管
存在行贿等腐败行为，即使这些行为不是发生在美国，也同样会受到美国
法院的长臂管辖。例如，一家公司只要它的分支机构或贸易代表处在一项
贸易中用美元进行交易，美国司法部门就可以对其展开调查或者实施制裁；
一封简单的电子邮件，如果用的是美国服务器的电子邮箱，美国有关执法
机构也可以进行调查。

到 2001 年春，几乎所有的欧盟国家以及经济合作与发展组织国家都
已经采纳了美国这部法律的内核，通过了新的立法或对原有法典进行了修
改和补充。2003 年 12 月 10 日，第 58 届联合国大会通过并正式签署了
《联合国反腐败公约》，该公约首次在国际层面建立了反腐败五大机制，
即预防机制、刑事定罪与执法机制、国际司法与执法合作机制、资产追回
机制和履约监督机制，奠定了反腐败国际合作的法律基础，受到国际社会
高度重视。我国是第一批签署公约的国家之一。

随着经济全球化的发展，跨境贸易越发频繁，特别是一些企业与美国
企业和组织之间的贸易更为密切，利润增加和市场规模扩大的同时，企业
也要注意类似过度长臂管辖这类可能并不合理但一时无法绕过的法规法律
的限制。

（三）长臂管辖的制约与反制约

改革开放以来，我国经济快速发展，越来越多的企业"走出去"，以寻找企业规模不断扩张的新的增长点。特别是在"一带一路"倡仪下，我国企业境外经营与投资出现了井喷式增长。这些跨国经营企业的业务不再局限于单一的地域和司法管辖范围，跨国企业的员工、客户供应商、经销商及关联第三方遍布世界各地，它们会面对不同国家或地区的行政和司法管辖；另外，互联网时代，全球金融市场和数字支付系统给企业在世界各地的交易带来了极大的便利，与此同时也带来了各种风险。因此，我国企业在遵守本国法律外，也要遵守业务所在国或地区的政策、法律法规、文化习俗等，开展合规经营，防范、规避跨国经营面临的各类风险。

长期以来我国面对一个巨大的不对等、不公平的局面，却缺乏一个规范的做法反制过度长臂管辖。2021年6月10日，我国颁布了《中华人民共和国反外国制裁法》，为我国依法反制国外歧视性措施提供了有力的法治支撑和保障。

资本利得反哺集团发展

（一）资本利得

1. 资本利得的定义

简单来说，资本利得就是通过出售股票、债券以及不动产等资本项目获取的收益，也就是卖出这些标的后获得的毛收入减去自己的购买成本之后的部分。卖出价大于买入价称为资本增值，资本利得卖出价小于买入价称为资本损失。

资本利得分为已实现的资本利得和未实现的资本利得。一般来说，如果基金管理人判断正确，逢低买入某种股票，待该股票价格上升到一定价位后再卖出就可以实现货币资金的增长，这种已实现的货币资金的增长称为已实现的资本利得。

2. 资本利得的三种类型

（1）因企业增长、扩大从而股票价格上涨所带来的收益。

（2）市场利率下降，使其所发行的固定利率证券价格上涨而带来的收益。

（3）通货膨胀带来的名义收益。

需要注意的是，对于前两种收益在一些国家需课征资本利得税，而资本损失则可从所得中扣减[①]。

（二）资本利得反哺集团需注意税务风险

"反哺"本是生物学词汇，指雏鸟长成哺食父母，也被用来说明子女奉养父母，在这里用于说明子公司将获得的利润汇回母公司的行为。

一般来说，母公司为了子公司上市，会将集团公司优良资产和项目注入相关子公司，子公司获得效益后，将资本利得反哺给集团公司。从风险管理角度来看，资本利得反哺集团发展，最需要规避的是税务方面的风险。

一般企业如果不寻求在境外市场进行主体上市，往往会设立分公司或子公司作为分支机构。

1. 母公司与分公司、子公司

母公司是指拥有另一公司一定比例以上的股份或通过协议方式能够对另一公司实行实际控制的公司。分公司是母公司的下属公司、分支机构或附属机构，直接从事公司业务。从法律角度来看，分公司不具备独立的法人资格，不是一家独立的企业，无法独立享受民事权利或承担民事义务。分公司的名称和财产是依附于母公司的。子公司受母公司控制，但子公司具有独立法人资格，拥有属于自己的公司名称和财产，并能够独立享有民事权利和承担民事义务。

2. 注册境外分公司与境外子公司的优势

在境外设立分公司或子公司，是现代大型企业跨国经营必须考虑的问题，除了经营之外，分公司和子公司需要遵守不同的税收政策，而选择更

① 韩双林，马秀岩.证券投资大辞典 [M].哈尔滨：黑龙江人民出版社，1993.

合适的税收政策，有利于母公司更好地进行税务筹划，规避税收风险以及相应的企业经营风险。

（1）注册境外分公司的优势。

境外分公司在总体税负和现金流方面显著优于子公司。分公司不是一个独立法人，它的盈亏要并入总公司的盈亏。如果母公司发展势头良好，需要在境外设立多个下属机构，成立一家分公司可以更好地保证总部对分部的控制权。

当境外分公司将利润汇回境内时，一般以注册资本为限，大多数分公司可以直接享受中国与注册国（地区）签订的双边税收协定优惠待遇，其企业所得税和流转税一般先由相关方在支付款项时代扣代缴，而子公司需要在当地申请并经审核批准。

（2）注册境外子公司的优势。

母公司在境外设立的子公司被视为居民纳税人，通常要承担与该国其他公司一样的全面纳税义务。子公司利润汇回母公司要比分公司灵活得多，这意味着母公司的投资所得、资本利得可以持留在子公司，或者可经选择税负较轻的时候汇回，得到额外的税收利益。

如果总部不想承担太多的风险或者不愿意将自己的红利分给其下属机构，或者如果在总部成立初期经营状况没有那么理想，为了减轻公司的税收负担，成立境外子公司要优于设置分公司。

注册境外公司对子公司和分公司在税收方面有着许多不同的规定，无论是在境外设立子公司还是分公司，作为境外新设立的公司，都应从税收优惠政策、公司管理制度、企业发展情况等多方面考虑，最大限度地规避风险。

跨国企业经营风险管理：知己知彼方能百战不殆

跨国经营的目的在于为企业创造更大的利润。知己知彼、优势互补和入乡随俗、促组织协同是跨国企业经营取得成功的关键所在。

知己知彼，百战不殆

"知己知彼"中的"知己"是指对自身的条件进行严格审查和客观分析，知道自己的优势和劣势，以此进行战略和战术安排；"知彼"是指对对方的优势和劣势进行了解和分析，采取不同的应对方案。所谓知己知彼，即为了达到"运筹帷幄"以"决胜于千里之外"。

商业竞争激烈，跨国企业无论是在境外设厂还是参股外国企业，或是跨国企业间竞争，都需要及时了解国际市场信息，做好尽职调查，对彼此的实际情况进行详细、准确、全面、深入的了解，通过周密严谨的分析，制定切合企业实际情况的战略和应对措施，为获得国际竞争的胜利打下良好的基础。

（一）信息收集与竞争情报分析——知己知彼的先决条件

1. 信息收集

信息收集是指通过各种方式获取所需要的信息。信息收集是信息得以利用的第一步，也是关键的一步。信息收集工作的好坏，直接关系到整个信息管理工作的质量。

从跨国经营实际情况来看，我国企业普遍缺乏跨国经营的实践经验。我国企业跨国经营项目的完成率远低于市场环境预期和全球平均水平。常见的问题如下。

（1）双方未能达成一致的合资或收购定价意见。

（2）语言文化方面的差异导致沟通不畅。

（3）信息不对称导致项目管理问题突出。

（4）目标公司所在国（地区）的税务法律与我国的税务法律存在较大的差异。

（5）专利权与其他知识产权归属问题。

（6）交易合作成功后整合不到位。

（7）面临境内外监管机构各种要求的问题。

（8）政府机构审查批准的不确定性。

造成上述问题的原因很大部分就是信息不对称、关键信息不准确或掌握不到位，因此相关信息的获取就显得尤为重要。

信息收集，是开展调查的前期准备工作。要基于给定的调查目标，尽可能地扩大信息来源渠道，灵活应用各种信息搜索工具，以实现信息有效收集。而信息分析就是根据特定问题的需要，对大量相关信息进行深层次的思维加工和分析研究，形成有助于问题解决的新信息的过程，相当于对信息进行精加工。一次成功的分析，从收集并筛选信息开始，然后建立逻辑网络，再根据量化后的信息，计算每个逻辑网络中的结论的可能性，最后经过反复推敲，得出最终的结论。信息收集要遵循准确性、全面性、实效性原则。收集信息的方法包括调查法、观察法、实验法、文献检索法、网络信息收集法等。

2. 竞争情报分析

竞争情报（Competitive Intelligence，CI）是指关于竞争环境、竞争对手和竞争策略的信息，包含竞争信息和竞争谋略两大部分。竞争情报分析的核心是关于竞争对手信息的收集和分析。竞争情报分析主要涉及环境监测、市场预警、技术跟踪、对手分析、策略制定、商业秘密保护等领域，是企业商战中不可缺少的环节。

据工业发达国家统计，一项科技成果的研究费用为 1 美元，发展推广费用为 10 美元，生产费用就高达 100 美元，而情报费用只要 0.05 美元。搜集一份情报可能花不到 10 美元，可这份情报的价值能为企业带来意想不到的收获。

原则上竞争情报系统适用于所有企业，但更适用于涉及跨国经营的下述企业。

（1）处于经营环境变化快、不确定性强的行业中的企业。

（2）处于市场化程度高、竞争激烈的行业中的企业。

（3）新产品推出比较频繁的企业。

（4）新市场拓展比较频繁的企业。

（5）产品比较复杂、管理比较复杂的企业。

（6）追求超常规增长的企业。

（7）处于经营困惑中的企业。

对于跨国企业而言，信息收集和竞争情报分析非常重要，它们是尽职调查的前置条件。全面系统的信息和竞争情报可以使企业准确掌握情况，分析评估各类风险。

实践中，我国海尔、长虹、上汽、宝钢等知名企业都成立了自己的竞争情报机构，通过各种手段收集分析竞争对手乃至竞争环境的情报信息，为企业的迅速成长和跨国经营提供了有力的情报信息保障。

（二）尽职调查——知己知彼的重要手段

尽职调查亦称审慎调查，指在收购过程中收购者对目标公司的资产和负债情况、经营和财务情况、法律关系以及目标企业所面临的机会与潜在的风险进行的一系列调查，是企业收购兼并程序中重要的环节之一，也是收购运作过程中重要的风险防范工具。

开展境外经营业务，特别是跨境投融资项目，企业需要了解这些目标企业并评估其是否具有购买价值。该目标企业是否是投资者理想的并购对象,取决于对其进行评估的结果。而为了获取比较客观的评估结果,投资者需取得该目标企业各方面充足的相关信息。决定是否进行交易前所进行的信息收集与信息分析过程通常被称为尽职调查。尽职调查通常包括许多关键方面的调查,如财务、税务、运营、环境、信息技术、法律、知识产权及保险尽职调查。

尽职调查是企业知彼知己、掌握主动权的重要手段之一。尽职调查需要支付一定的成本,一些管理者因此认为尽职调查的成本是"没必要花的钱",殊不知尽职调查是企业避免在并购、合作这类重要决策过程中因失误而承受重大损失的重要一环。尽职调查虽然不能为企业带来丰厚利润,却能够帮助企业规避重大损失,甚至免去灭顶之灾。

〈 案例分析 〉

某国甲公司拟收购乙公司,因尽职调查规避重大损失

2007 年,某国知名化工企业甲公司与生产橡胶防老剂的乙公司发生知识产权纠纷,甲公司委托调查公司对乙公司开展调查。在诉讼过程中,甲公司考虑到诉讼时间较长,且胜算不确定,提出拟收购乙公司,双方开始意向接洽后,甲公司展开尽职调查。在尽职调查中,甲公司发现乙公司董事长刘某持有多张假身份证及假户籍,涉嫌股权欺诈等重大风险隐患后,及时终止了并购行为。

刘某,真实姓氏为"金",初中毕业,用刘某的假身份冒充某领导女儿,以帮助乙公司解决法律问题为由获取乙公司董事长赠予的股份。几番操作后,刘某持有了公司 51% 的股份,成为公司实际控制人。刘某经过公司重组、扩张发展,使公司资产估值达到 40 亿元,其个人身价也超过 20 亿元。后伪造的身份败露,刘某因股权欺诈被判刑,但其名下近 12 亿元的资产被转移至境外,给乙公司造成了巨大损失。

入乡随俗，促组织协同

入乡随俗就是去到一个地方，要学会适应当地的生活习惯、民俗风情，遵守当地的法律法规。这是一种相互关系的促进，是人与人、物与物之间相互关系的一种转换，目的就是从水土不服达到入乡随俗。

例如，跨境投融资，如果入乡不随俗，不注重规避政治风险，就会遭遇选择性执法；不承担当地社会责任，风险敞口就会加大，在环境保护、劳工问题上就会发生冲突事件；对第三方合规不重视会导致合作伙伴及自身遭遇长臂管辖等。

所谓协同就是协调两个或者两个以上的不同资源或者个体，协同一致地完成某一目标的过程或能力。管理的效率不仅来自分工，还来自协同，因此企业要具备一些新能力形成共生逻辑。

当企业进入新的市场，特别是境外市场时，不但要充分考虑在当地设厂的经济成本，还要对当地的文化、语言、法律，甚至习俗等进行充分了解，从而便于对当地员工进行管理，这需要企业自上而下的协作，也需要总部与派驻的管理人员和新招聘的当地管理层进行协调与合作。

8

企业风险管理体系：全面、系统、可量化、可追溯

扫码即可观看
本章微视频课程

▶ 本章提要

全球一体化、数字化进程加快，企业内外部环境变得越来越复杂，不确定性因素大幅增加，企业风险管理能力也需要不断提升。为了适应新的要求，部分国际组织机构和各国政府对企业全面风险管理制定了相应的准则、标准和指引。

▶ 情境导入 [①]

乐高集团是一家拥有近 90 年历史的家族企业，产品销往 130 多个国家（地区），2020 年营业收入达到近 70 亿美元。乐高集团能够基业长青，始终占据插装玩具行业的领先地位，是因为它在注重企业创新发展的同时，始终在有效地管理企业风险。

乐高集团在企业风险管理实践中，注重将传统企业风险管理中的财务、经营、灾害和其他风险整合补充，逐步形成一套较为全面的风险管理体系。乐高集团前期通过建立蒙特卡洛模拟、制订主动风险和机会计划、注重应对不确定性等措施，保障了集团持续的发展和壮大。即使这样，乐高集团还是遇到诸多的风险和危机挑战。例如，在 2004 年，乐高集团因多元化战略决策失误导致企业亏损 4 亿美元。乐高集团通过风险评估及时调整企业战略规划，将战略管理嵌入企业整体风险管理。进入数字化时代后，乐高集团与时俱进，充分运用大数据来分析、量化和预警企业风险，系统化地管理企业风险，使企业扭亏为盈，稳健发展。

---

① 乐高集团 . 乐高集团在 2020 年上半年实现两位数增长美通社 [EB/OL].

　　乐高集团管理层认识到，在迅猛发展、变幻莫测的大数据时代，企业要想跟上时代的脚步，就必须勇于接受挑战，勇于承担风险，通过建设全面的风险管理体系，管控好企业风险。乐高集团的 CEO 说："风险管理应该使组织能够明智地承担增长和创造价值所必需的风险。"

营造全面风险管理的内外部环境

《企业风险管理框架——战略整合和绩效》，将企业风险管理重新定义为：组织在创造、保护和实现价值的过程中，结合战略制定和执行，建立赖以进行风险管理的文化、能力和组织实践。企业风险管理框架包含以下 5 个要素：治理与文化，战略和目标设定，绩效评价，审查与修订，信息、沟通与报告。新的框架强调企业风险管理在创造、保持和实现价值中的作用。风险管理不再将侧重防范、降低或终止风险对企业的危害作为单一目的。相反，提倡在注重风险因素过程中，要抓住机会创造和保持价值；风险管理工作要融入企业的所有业务流程；强调企业文化特别是风险文化在整个企业风险管理工作中的重要地位；强调企业风险管理在各个环节要支持具有风险意识的各种决策；明确企业风险管理和内部控制的关系。

另外，ISO 31000《风险管理——原则与实施指南》指出：风险管理工作应该与组织的所有活动整合，成为任何管理经营活动的一部分。其内容包含：战略和规划、公司治理、人力资源、合规、质量、健康与安全、业务连续性、危机管理与安全管理、组织抗风险能力、IT 等。

国务院国资委 2006 年颁布的《中央企业全面风险管理指引》指出，全面风险管理，指企业围绕总体经营目标，通过在企业管理的各个环节和经营过程中执行风险管理的基本流程，培育良好的风险管理文化，建立健全全面风险管理体系，包括风险管理策略、风险理财措施、风险管理的组织职能体系、风险管理信息系统和内部控制系统，从而为实现风险管理的总体目标提供合理保证的过程和方法。

很多企业将 ERM 2017、ISO 31000《风险管理——原则与实施指南》及《中央企业全面风险管理指引》结合起来视为指导和实施企业全面风险管理的最佳方案。新版企业风险管理框架的高度综合、ISO 31000《风险管理——原则与实施指南》实施标准和《中央企业全面风险管理指引》的具体落地相互补充、相互融合，使企业全面风险管理上升到前所未有的高度。

企业文化、公司治理与权责分配：软环境

（一）企业文化是风险管理文化的根基

1. 企业文化

企业文化是企业在运行过程中形成的，并为企业管理层和员工所接受和认同的理想、价值观和行为规范的总和。它包括企业愿景、文化观念、价值观念、企业精神、道德规范、行为准则、历史传统、企业制度、文化环境、企业产品等。

一个好的开放式的企业文化，可以增强企业的凝聚力、向心力，培养员工开拓创新、爱岗敬业的精神，能通过提升企业员工的主观能动性提升企业员工的责任感，用企业文化来约束员工的行为。

2. 企业风险管理文化

企业风险管理文化是指企业从战略制定到日常经营中对待风险的信念和态度。实行全面风险管理的企业，一定要把风险管理文化融入企业文化中。

2017 年版的企业风险管理框架在定义上突出企业文化地位，注重培育企业风险管理文化，充分体现风险管理文化对企业防范风险具有重要意义。

国务院国资委发布的《中央企业全面风险管理指引》也对企业风险管理文化建设做了具体表述，主要内容包括以下方面。

（1）企业应注重建立具有风险意识的企业文化，促进企业风险管理水

平、员工风险管理素质的提高，保障企业风险管理目标的实现。

（2）风险管理文化建设应融入企业文化建设全过程。大力培育和塑造良好的风险管理文化，树立正确的风险管理理念，增强员工风险管理意识，将风险管理意识转化为员工的共同认识和自觉行动，促进企业建立系统、规范、高效的风险管理机制。

（3）企业应在内部各个层面营造风险管理文化氛围。董事会应高度重视风险管理文化的培育，总经理负责培育风险管理文化的日常工作。董事和高级管理人员应在培育风险管理文化中起表率作用。重要管理及业务流程和风险控制点的管理人员和业务操作人员应成为培育风险管理文化的骨干。

（4）企业应大力加强员工法律素质教育，制定员工道德诚信准则，形成人人讲道德诚信、合法合规经营的风险管理文化。对于不遵守国家法律法规和企业规章制度、弄虚作假、徇私舞弊等违法及违反道德诚信准则的行为，企业应严肃查处。

（5）企业全体员工尤其是各级管理人员和业务操作人员应通过多种形式，努力传播企业风险管理文化，牢固树立风险无处不在、风险无时不在、严格防控纯粹风险、审慎处置机会风险、岗位风险管理责任重大等意识和理念。

（6）风险管理文化建设应与薪酬制度和人事制度相结合，增强各级管理人员特别是高级管理人员的风险意识，防止盲目扩张、片面追求业绩、忽视风险等行为的发生。

（7）企业应建立重要管理及业务流程、风险控制点的管理人员和业务操作人员岗前风险管理培训制度。采取多种途径和形式，加强对风险管理理念、知识、流程、管控核心内容的培训，培养风险管理人才，培育风险管理文化。

企业风险管理是企业内每一位员工的责任，企业员工要具备接受新事物、新知识并能付诸实践的能力。企业董事长、总经理到每一位员工都要具备风险意识，把风险管理作为自己的职责。企业应确保各级员工能够在日常工作中发现新的风险因素，并及时向风险管理部门汇报，提请相关管理部门采取应对措施。企业要定期开展风险管理文化宣传教育活动，开展风险管理文化培训，让广大员工都能深刻认识到全面企业风险管理的重要性。明确各部门的工作职责和流程，就可以变被动为主动，积极推进风险管理的各项工作。此外，管理人员及普通员工要充分了解自己在风险管理流程中所扮演的角色的重要性，且具备履行上述责任及义务的能力。

（二）公司治理

1. 公司治理的定义

公司治理是研究企业权力安排的一门科学。从狭义角度理解，公司治理是居于企业所有权层次，研究如何授权给职业经理人并针对职业经理人履行职务行为行使监管职能的科学。

公司治理包括内部公司治理和外部公司治理。

（1）内部公司治理亦称法人治理结构、内部监控机制，是由股东大会、董事会、监事会和经理等组成的控制制度，用来约束和管理经营者的行为。

（2）外部公司治理亦称外部监控机制，是通过资本市场、经理市场、产品市场、兼容市场等外部市场和管理体制的控制制度，实施约束企业管理行为。

2. 公司治理结构的标准模型

董事会、总经理和监事会形成三个利益"角位点"。这三个利益"角位点"相互制衡，形成"三角形"。股东（大）会作为公司价值聚焦的"顶点"将顶点和"三角形"构成"锥体"，这是公司治理结构的标准模型，如图8-1所示。

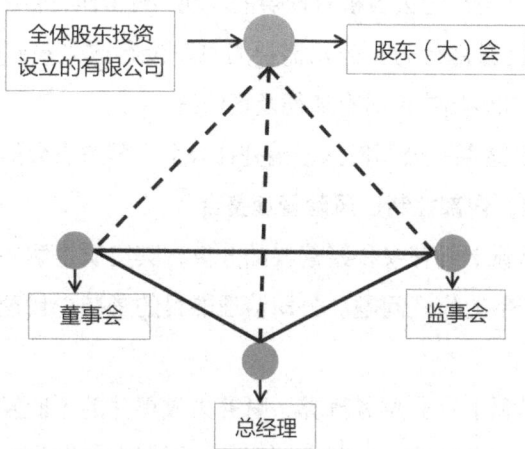

图 8-1　公司治理结构的标准模型

股东判定公司安全性和成长性的基准是董事会、总经理和监事会三个利益"角位点"不可重合或不可处于同一直线，更不得与"顶点"重合或处于同一平面；一旦出现这些状况，该公司处于特定时期或危机状态。

董事会、总经理和监事会需要从各自利益出发争取权力和最大利益。"三角形"面积逐渐变大，是公司实力不断增强的体现。"三角形"和"顶点"构成"锥体"的高度，体现公司发展战略的高度，"锥体"的体积体现了公司的市场竞争力。[①]

3. 公司治理原则

（1）权利和股东的公平对待：公司应尊重股东的权利及通过有效沟通来帮助股东行使权利，让股东更加明白内容，鼓励他们参与日常会议；应平等对待所有股东；在权益受到损害时，股东有机会获得有效补偿。

（2）其他利益相关者的利益：公司应该意识到自身对所有的利益相关者有法定和其他义务。

（3）董事会的角色和责任：董事会只有准备一系列的技术，才能应对

---

① 朱长春. 公司治理标准 [M]. 北京：清华大学出版社，2014:54.

各类商业问题，才有能力去检视管理层的表现，对工作有合适程度的承担。

（4）正直及道德行为：公司需要为董事及行政人员建立道德操守制度，来鼓励他们在做出决定时有道德及责任感。

（5）透露及透明：公司应该澄清并让公众了解董事会的角色和责任。

4. 公司治理、内部控制、风险管理整合 [①]

公司治理起源于所有权和经营权的分离，其实质是解决因所有权与控制权的分离而产生的代理问题。公司治理的目的是减少代理成本，实现企业价值的最大化。

内部控制起源于企业财务舞弊、财务失败事件的不断发生。内部控制的发展与部分公司会计造假、破产倒闭事件周期性地发生有着密不可分的关系。每一公司舞弊、破产事件都促进了内部控制理论的发展。内部控制发展到今天，已经演变为一种过程，与企业的各个流程、各个环节和企业各类人员相联系，是一种风险控制活动。在内部控制制度阶段，内部控制的目的是防止财产损失和财务舞弊风险。在内部控制结构阶段，内部控制的目的除了防止财产损失和财务舞弊风险增加，还有防范效率低下风险。在内部控制整体框架和企业风险管理整合框架阶段，内部控制的目的是控制企业的全面风险。

企业建立与实施内部控制，应当遵循下列原则。

（1）全面性原则。内部控制应当贯穿决策、执行和监督全过程，覆盖企业及其所属单位的各种业务和事项。

（2）重要性原则。内部控制应当在全面控制的基础上，关注重要业务事项和高风险领域。

（3）制衡性原则。内部控制应当在治理结构、机构设置及权责分配、业务流程等方面形成相互制约、相互监督，同时兼顾运营效率。

（4）适应性原则。内部控制应当与企业经营规模、业务范围、竞争状

---

① 李维安，戴文涛. 公司治理、内部控制、风险管理的关系框架 [J]. 审计与经济研究 ,2013（4）:12.

况和风险水平等相适应，并随着情况的变化及时加以调整。

（5）成本效益原则。内部控制应当权衡实施成本与预期效益，以适当的成本实现有效控制。

企业风险一般包括公司治理风险（包括战略风险）、经营风险、财务风险、其他风险。其中公司治理风险属于公司治理的对象，经营风险、财务风险属于管理控制的对象。公司治理通过强化企业内部组织的功能与有效运作，实现事前、事中的监督，有效地避免了公司治理风险。内部控制通过环境、目标设定、事项识别、风险评估、风险应对、控制活动等程序，保证了企业战略和经营目标的实现。公司治理与内部控制的配合能有效地控制企业风险。

（三）权责分配

企业风险管理战略确定后，企业就要委托适当的风险责任人负责具体战略，负责推进过程、提供报告、贯彻实施既定的风险战略策略。风险管理的有效执行需要清楚地理解角色分工和责任，明确风险管理职责，将所有风险的管理责任落实到各个有关职能部门和业务单元，并对不同层级的岗位设置不同的信息处理和管理决策权限。保证各个级别的经理都是风险管理流程的积极参与者，每一个责任人承担每一个业务单元的风险责任，这种由下而上的方式鼓励管理者积极衡量并控制所在部门的风险。

企业要建立对后果的责任承担制度。明确责任人员及责任承担制度是成功执行全面风险管理的重要前提。风险负责人要对所造成的损失负责，每一位员工亦应负有相应的责任。因此，每一位责任人都应该了解什么是风险，风险为什么会发生，采取何种措施来应对风险，承担起风险管理责任，也就是应明确管理者的作用和其他风险责任人的责权关系。当个人明确了目标，为达到这些目标去承担责任和后果时，企业就有了有效执行全面风险管理的可能。

权责对等原则包括以下几方面。

（1）管理者的权力与责任要对等。管理者不能只拥有权力，却不履行职责；也不能要求其承担责任而不予以授权。

（2）管理者履行职责的必要条件是为其授权。合理授权的一个重要方面是贯彻权责对等原则，管理者所承担的责任大小取决于授予其的权力的大小。管理者能否完成任务，取决于其主观努力和具有的素质，也与上级是否合理授权有密切的关系。

（3）正确地选人、用人。委派合适的人担任某个职务和从事某项工作，企业应根据被委派人的素质、表现和责任感，授予适合他的某个管理职位和权力。

（4）严格监督、检查。上级必须严格地监督、检查具有相应权力和职责的管理者，掌握管理者在任职期间的真实情况。如果管理者渎职，本人应当引咎辞职；上级应当承担选人用人不当和监督检查不力的责任。监督、检查应该主要由授权者来履行。

法律与合规保障：硬约束

政策、法律法规是政府和监管职能部门为了规范社会行为制定的一种具有强制属性的制度，虽然它属于企业治理的外部环境，但企业如果违背相关的法律法规，轻者会受到行政处罚，重者会被关停，企业高管还会面临刑事处罚。企业如果违背社会道德和企业社会责任，也会受到大众的抵制和抛弃，给企业品牌形象带来重大负面影响。因此，无论是从公司治理、企业内控，还是从风险管理的角度来看，企业都必须建立企业法律风险防范和企业合规体系。

（一）建立法律风险防范体系（法律风险防范制度）

"其实并不是GE业务使我担心，而是有什么人做了法律上看非常愚蠢的事而给公司声誉带来污点，并使公司毁于一旦。"

——通用电气公司（General Electric Company，GE）

首席执行官杰克·韦尔奇

1. 什么是法律风险

法律风险是一种特殊类型的操作风险，它包括但不限于因监管措施和解决民商事争议而支付的罚款、罚金或者惩罚性赔偿所导致的风险敞口。[①]

刑事法律风险，是指企业或企业家触犯刑法受到法律制裁以及作为刑事案件的受害者或损失所必须面对的风险。

企业从成立之日起，一直到清算或破产，始终伴随各种风险。企业生命周期的所有阶段，各类风险最终都可能转化为法律风险。如果企业无法及时预见、防范并化解这些风险，往往会面临法律制裁或被卷入持久的诉讼。

有关数据显示[②]，2020 年企业家犯罪罪名的前十名分别是：非法吸收公众存款罪、职务侵占罪、拒不支付劳动报酬罪、虚开增值税专用发票罪、合同诈骗罪、挪用资金罪、集资诈骗罪、非法经营罪、污染环境罪和重大责任事故罪。这些犯罪行为都会导致企业家受到刑事处罚并身陷囹圄。

市场经济只有在法治的框架下才能有序运行。企业要安全、高效地发展，企业及企业家就必须遵守、敬畏法律，牢固树立法律风险防范意识。企业从成立的那天起，就应该用法律来约束企业的一切行为，合法、有效防范各类法律风险。

2. 法律风险防范体系

企业的内部管理、运作必须严格依法进行；企业与外部的关系，需要法律保驾护航。因此，建立企业法律风险防范体系是防止企业和企业家犯罪的重要保障。企业法律风险防范体系建设应该包括以下内容。

（1）增加事前预防法律风险的投入，强化企业法律风险管理意识。

（2）推进企业法律风险防范制度建设，完善企业法律风险管理制度，构建企业法律风险管理交流平台。

（3）定期进行法律风险评估，需要具有完善的企业内部管理体制和风

---

① 巴塞尔银行委员会 . 巴塞尔新资本协议 [Z].2004-06-26.
② 蒋安杰 .《2019-2020 企业家刑事风险分析报告》发布 [EB/OL].

险防范预警机制，识别、分析、评估法律风险，设法避免、应对法律风险
的发生。

（4）建立法律风险防范机制，建立完善企业法律风险管理工作体系。

（5）根据企业的具体情况突出企业法律风险管理工作重点。

总之，企业的经营管理需要依法、合规进行，才能有利于对自身权益
的保护。争议产生诉讼，守约、守法者受到法律的保护，违约、违法者承
担法律责任。企业在日常经营中，必须重合同、守信用，严格遵守国家法
律。企业经营要始终在法治的轨道上运行，做到既有效率又确保财产安全，
法律为企业运行的优质高效提供有力的保障。

（二）建立企业合规体系

1. 什么是企业合规

（1）合规定义。

瑞士银行家协会认为：合规使企业经营活动与法律、管治及内部规则
保持一致。合规是指企业为防范合规风险而建立起来的管理机制。

《中央企业合规管理指引（试行）》定义合规为：合规是指企业经营
管理行为和员工履职行为符合法律法规、监管规定、行业准则和国际条约、
规则，以及公司章程、相关规章制度等要求。

企业合规包含三层含义。一是企业在经营过程中要遵守法律法规和遵
循规则，企业员工、第三方及其他合作伙伴都必须依法依规开展经营活动。
二是合规是企业公司治理的一个部分，合规做得好，可以避免或减少违法
违规给企业带来的行政责任、刑事责任，避免企业遭受到更大的经济或其
他损失。三是企业积极开展合规体系建设并接受监督和改进，在一定条件
下，可以获得宽大的行政、刑事处理。

（2）国外企业合规的发展历程。

企业合规最早出现在美国。20世纪60年代以前，一些具有社会责任
感的企业就开始通过规范员工的行为来获取公众的认可，部分行业协会也
通过制定合规指南来督促企业依法合规开展经营活动。20世纪60年代后，

有些企业通过划分市场、操纵价格和控制招标来垄断市场获取高额利润，因此执法、监管部门开始强力开展反垄断调查，并对违法企业科以重罚，这些举措对企业合规起到了推动作用。1977 年，美国颁布了《反海外腐败法》，该法确立的反腐败条款和会计条款对在海外运营的美国公司有较大的法律约束力，也对在美国或在美国设立分支机构的外国公司的贿赂行为同样具有管辖权（长臂管辖）。2002 年，美国颁布了《萨班斯－奥克斯法案》。这个法案从原来的简单的信息披露走向了实质性的监管，改变了美国乃至世界公司治理的理念。2010 年《多德－弗兰克法案》、2010 年《内部控制、企业道德及合规最佳实践指南》以及 2011 年英国《反贿赂法》、2016 年法国《萨宾第二法案》、2017 年《企业风险管理——整合战略和绩效》、ISO 31000《风险管理——原则与实施指南》等陆续发布。至此，源于反腐败领域的企业合规，逐渐被扩展到反洗钱、反垄断、数据保护、出口管制等诸多领域。2021 年 4 月， 国际标准化组织颁布最新的《合规管理体系 要求及使用指南》（ISO 37301:2021），其重要意义在于：统一了各个国家针对合规管理体系的认识，为组织提升自身的合规管理能力提供系统化方法，为监管机构和司法机构采信组织的合规体系实践提供参考依据，为适用全球范围内相关方之间的贸易、交流与合作提供通用规则。国外企业合规的发展历程如图 8-2 所示。

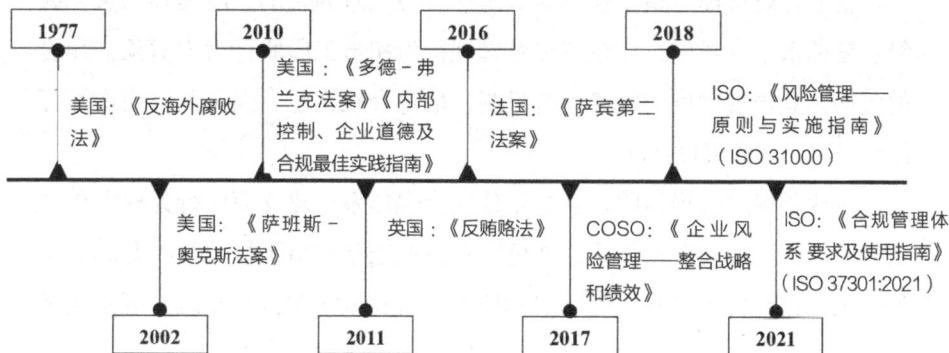

图 8-2 国外企业合规的发展历程

（3）我国企业合规的进程。

我国的企业合规实践有几个不同的起源。首先是证监会 2004 年在证券公司之中设立了合规总监，列为高管人员，同时向公司和证监会负责；之后国资委借鉴设立了总法律顾问，银行业等也确立了这一职位。其次是外资企业和我国赴美企业都需要遵守境外的规则。然后是商务部发布了汽车业合规指南，一些省市政府和反垄断局也颁布了合规指南等。2018 年，我国多部门联合发布《企业境外经营合规管理指引》。2022 年，国务院国资委发布《中央企业合规管理办法》。

2021 年 6 月，最高人民检察院、司法部、财政部、生态环境部、国务院国有资产监督管理委员会、国家税务总局、国家市场监督管理总局、中华全国工商业联合会、中国国际贸易促进委员会发布了《关于建立涉案企业合规第三方监督评估机制的指导意见（试行）》。

2. 合规风险

合规风险是指企业因没有遵守法律、规则和准则而可能遭受的法律制裁、监管处罚，以及遭受重大经济损失和声誉损失的风险。[①]

合规风险主要包括投资合规性风险、销售合规性风险、信息披露合规性风险和反洗钱合规性风险等。

3. 合规体系

企业合规管理是指企业以有效防控合规风险为目的，以提升依法合规经营管理水平为导向，以企业经营管理行为和员工履职行为为对象，开展的包括建立合规制度、完善运行机制、培育合规文化、强化监督问责等有组织、有计划的管理活动。[②]

企业要规避合规风险，就必须建立合规体系，建立商业行为规则和员工行为准则。建立合规体系，就可以对企业经营和员工行为及时有效监控和处置，它包含了自我监管、自我报告、自我披露和自我整改，可实现对

---

① 陈瑞华 . 企业合规基本理论 [M].2 版 . 北京：法律出版社，2021:45.
② 国务院国有资产监督管理委员会 . 中央企业全面风险管理指引 [Z].2022.

违法违规行为有效预防和监控。

ISO 37301:2021《合规管理体系 要求及使用指南》规定合规体系通用要素分别如下。

（1）组织环境。合规管理需要治理层、管理层、合规专业人员的设计、运行、维护和监督，并通过组织结构的合理设置确保合规体系的独立性和权威性。

（2）领导作用。领导是合规管理的根本，对于整个组织树立合规意识、建立高效的合规体系具有至关重要的作用。一是治理机构和最高管理者要展现对合规体系的领导作用和积极承诺；二是遵守合规治理原则；三是培育、制定并在组织各个层面宣传合规文化；四是制定合规方针；五是确定治理机构和最高管理者、合规团队、管理层及员工相应的职责和权限。

（3）策划。策划是预测潜在的情形和后果，对于确保合规体系实现预期效果，防范并减少不希望的影响，实现持续改进具有重要作用。策划合规体系的要求：一是在各部门和层级上建立适宜的合规目标，策划实现合规目标需建立的过程；二是综合考虑组织内外部环境问题、合规义务和合规目标，策划应对风险和机会的措施，并将这些措施纳入合规体系；三是有计划地对合规体系进行修改。

（4）支持。支持是合规管理的重要保障，对于合规体系在各个层面得到认可并保障合规行为实施具有重要的支持作用。支持措施：一是确定并提供所需的资源，如财务资源、工作环境与基础设施等；二是招聘能胜任且能遵守合规要求的员工，对违反合规要求的员工采取纪律处分等管理措施；三是提供培训，提升员工合规意识；四是开展内部和外部沟通与宣传；五是创建、控制和维护文件化信息。

（5）运行。运行是立足于执行层面，策划、实施和控制满足合规义务和战略层面规划的措施相关的流程，以确保组织运行合规体系。运行规定：一是实施为满足合规义务、实施合规目标所需的过程以及所需采取的措施；二是建立并实施过程的准则、控制措施，定期检查和测试这些控制措施，并保留记录；三是建立举报程序，鼓励员工善意报告疑似和已发生的不合规；四是建立调查程序，对可疑和已发生的违反合规义务的情况进行评估、调查和了解。

（6）绩效评价。绩效评价是对合规体系建立并运行后的绩效、体系有效性进行评价，对于查找可能存在的问题、后续改进合规体系等具有重要意义。绩效评价规定：一是监视、测量、分析和评价合规体系的绩效和有效性；二是有计划地开展内部审核；三是定期开展管理评审。

（7）改进。改进是对合规体系运行中发生不合格、不合规情况做出反应、评价是否需要采取措施，消除不合格、不合规的根本原因，以避免再次发生或在其他地方发生，并持续改进，以确保合规体系的动态持续有效。改进规定：一是持续改进合规体系的适用性、充分性和有效性；二是对发生的不合格、不合规采取控制或纠正措施。

建立合规体系的流程，可以参照 ISO 37301:2021《合规管理体系 要求及使用指南》和《中央企业合规管理指引（试行）》。由于企业的自身状况不同，制度建设不能千篇一律，企业要因地制宜，建立适合企业自身发展的合规体系。

4. 企业合规的好处

规范的企业合规体系在企业面对行政和解、刑事责任归属、企业责任切割、暂缓起诉协议等方面，都会为企业带来帮助。[①]

（1）行政和解制度：在行政执法领域，政府监管部门为鼓励企业建立有效的合规体系，在保留"严刑峻法"的政策基础上，确立的一种以合规换取宽大行政处理的监管方式。

（2）刑事责任归责：企业员工个人实施犯罪并把责任归于企业时，健全有效的企业合规体系实施可以使企业责任和员工个人责任有效分割。

（3）企业责任切割：企业的员工、子公司、第三方或被投资并购方实施犯罪行为，企业的合规体系实施且被证明了尽责义务，企业可以有效地切割和豁免法律责任。

---

① 陈瑞华. 企业合规基本理论 [M].2 版. 北京：法律出版社，2021:56.

（4）暂缓起诉：企业或个人犯罪情节轻微、自愿认罪认罚并愿意建立合规体系接受监督整改的，检察机关可以给予暂缓或最终不予起诉决定。

〈 学习链接 〉

最高人民检察院、最高人民法院等单位关于刑事合规的举措

2021 年 3 月 8 日，第十三届全国人民代表大会第四次会议在人民大会堂举行第二次全体会议，最高人民检察院检察长张军向大会作最高检工作报告。报告提出："对民企负责人涉经营类犯罪，依法能不捕的不捕、能不诉的不诉、能不判实刑的提出适用缓刑建议，同时探索督促涉案企业合规管理，促进'严管'制度化，不让'厚爱'被滥用。"报告同时提出："积极、稳妥试点，督促涉案企业合规管理，做好依法不捕、不诉、不判实刑的后续工作。"

我国 2021 年颁布的《关于建立涉案企业合规第三方监督评估机制的指导意见（试行）》第一条明确：涉案企业合规第三方监督评估机制（以下简称"第三方机制"），是指人民检察院在办理涉企犯罪案件时，对符合企业合规改革试点适用条件的，交由第三方监督评估机制管理委员会（以下简称"第三方机制管委会"）选任组成的第三方监督评估组织（以下简称"第三方组织"），对涉案企业的合规承诺进行调查、评估、监督和考察。考察结果作为人民检察院依法处理案件的重要参考。

以上这些法规和意见的发布，极大地推动了我国企业合规进程，特别是刑事合规必将很快地被民营企业和企业家关注和实施。

合规管理是企业面对政策监管自证清白的重要手段之一，同时独立的第三方介入企业合规管理同样可以起到重要证明作用。因此企业无论是在选择新的合作伙伴，还是在管理现有供应商、经销商、其他第三方合作伙伴或开展内控工作时，往往需要引入能给出独立审核建议的专业风险管理机构作为独立第三方来协助管理。

目前，企业与第三方机构合作开展合规管理已成为国际上较通用的一种合规管理方式。

< 案例分析 >

T 公司企业刑事归责案 [①]

2011 年至 2013 年，被告人郑某、杨某分别在担任 T（中国）有限公司西北区婴儿营养部商务经理、A 市分公司婴儿营养部 B 区域经理期间，为了抢占市场份额，推销 T 公司奶粉，授意该公司 A 市分公司婴儿营养部员工被告人杨某甲等 4 人通过拉关系、支付好处费等手段，多次从多家医院医务人员手中非法获取公民个人信息并支付好处费，涉嫌犯侵犯公民个人信息罪，被 A 市检察院提起公诉。

一审中，4 名被告人辩称其行为是为完成公司任务收集公民个人信息。多位被告律师提出：本案系单位犯罪，应追究 T（中国）有限公司、公司主管人员、直接负责人员的刑事责任。

法庭质证中，T 公司提供了《T 公司指示》、T（中国）有限公司情况说明、《关于与卫生保健系统关系的图文指引》、公司测试成绩、员工奖金表等，证实 T 公司不允许向医务人员支付任何资金或者其他利益。T 公司从不允许员工以非法方式收集消费者个人信息，并且从不为此向员工、医务人员提供资金。T 公司在《T 公司指示》以及《关于与卫生保健系统关系的图文指引》等文件中明确规定，"对医务专业人员不得进行金钱、物质引诱"。证实 T 公司遵守世界卫生组织《国家母乳代用品销售守则》及卫生部门的规定，对于这些规定要求，T 公司要求所有营养专员接受培训并签署承诺函。

2016 年 10 月 31 日，一审法院判决 T 公司郑某、杨某、杨某甲等人及医院有关人员以非法方式获取公民个人信息，情节严重，均已构成侵犯公民个人信息罪。

一审法院宣判后，各被告提起上诉，上诉理由分别为自己的行为属公

---

① 本案例依据中国裁判文书网——A 市城关区人民法院刑事判决书（〔2016〕甘 102 刑初 605 号）、A 市中级人民法院刑事裁定书（〔2017〕甘 01 刑终 89 号）编写。

司行为、单位犯罪行为、公司下达任务要求等。

2017 年 5 月 31 日，二审法院经过不开庭审理认为，"单位犯罪是为本单位谋取非法利益之目的，在客观上实施了由本单位集体决定或者由负责人决定的行为。T 公司政策、员工行为规范等证据证实，T 公司禁止员工从事侵犯公民个人信息的违法犯罪行为，各上诉人违反公司管理规定，为提升个人业绩而实施犯罪为个人行为。"据此，二审法院裁定驳回上诉，维持原判。

本案是企业将公司责任和员工责任切割的典型案例。T 公司建立的合规管理体系及合规管理，证明了公司不存在"放任结果发生"的间接故意问题，也不存在"疏忽大意"或"过于自信"的过失问题，这些政策、规章及制度成了公司不承担刑事责任的关键、直接证据。

系统化运行风险管理体系

系统化是将事物或观念整理成有秩序、有条理的状态。企业管理的目标是追求企业绩效的提升、企业社会责任的完善。"引导和控制企业运营行为的系统"是企业管理的最基本定义。企业管理关注的是最高管理层履行责任、权力及整个企业的系统、流程、控制手段、可靠性及决策手段。企业系统化运行风险管理则需要优秀的企业管理结构支撑，从战略风险、投资、企业经营、人力资源等方面入手，建立高效的系统化运行风险管理体系。

风险管理体系构建

风险管理的早期内容，如组织分工、权责界定、引入风险管理流程、风险管理制度等是逐步出现的，这些单块内容的出现最初都是为了解决风险管理中某个具体的问题，如防止贪污/舞弊、扯皮，止损，降低风险等，后来内容逐渐丰富和完善，发展成为一套系统化、体系化的风险管理方法论，价值也扩展到提升组织效率、增加组织效益等层面。

ERM2017 风险管理框架通过整合治理与文化，战略和目标设定，绩效评价，审查与修订，信息、沟通与报告 5 个要素和 20 项原则，建立起一套完整的系统化、体系化风险管理框架，如图 8-3 所示。

治理与文化	战略和目标设定	绩效评价	审查与修订	信息、沟通与报告

1. 进行董事会风险监督	6. 分析商业环境	10. 识别风险	15. 评估重大变化	18. 利用信息系统
2. 建立运营框架	7. 定义风险偏好	11. 评估风险严重性	16. 审查风险和绩效	19. 沟通风险信息
3. 定义期望的企业文化	8. 评估替代战略	12. 对风险进行排序	17. 企业风险管理改进	20. 对风险、文化和
4. 体现对核心价值的承诺	9. 建立商业目标	13. 进行风险应对		绩效进行报告
5. 吸引、培养与保留人才		14. 形成风险组合观		

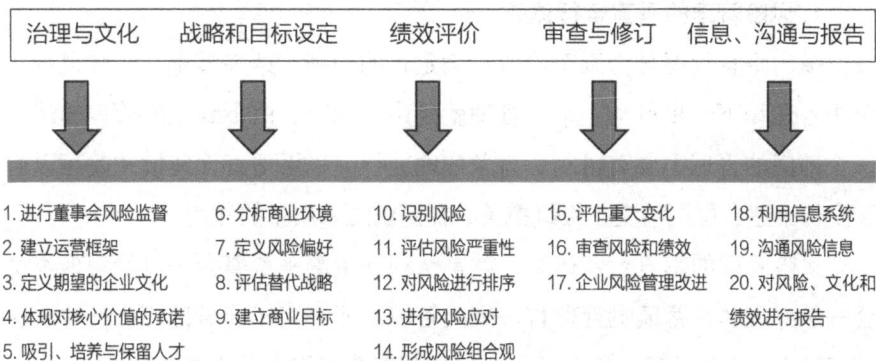

图 8-3　ERM2017 风险管理框架

企业风险管理体系的运行

在风险管理方面既要横向水平管理，也要纵向垂直管理，形成一个立体结构管理模式。

风险管理三道防线结构就是典型的系统化运行风险管理模式，如图 8-4 所示。

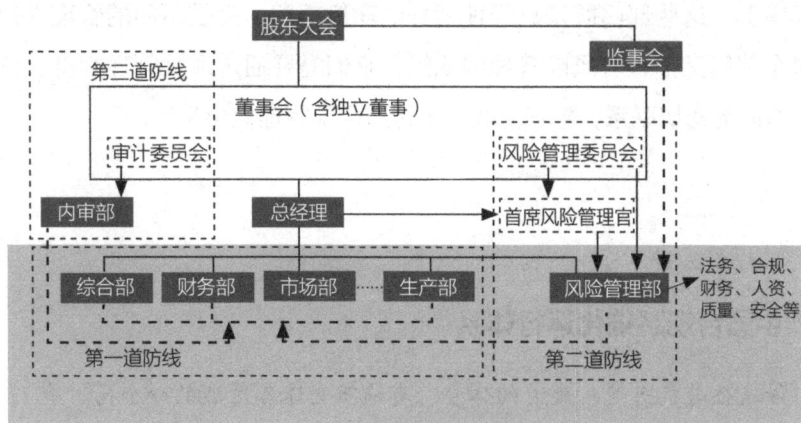

图 8-4　企业风险管理三道防线结构

注：实线箭头为实际的运营条线，即上一级对下一级具有实际的人事、财务等管理权利；虚线箭头为虚拟的管理条线，即上一级对下一级只有监管的权利。

1. 风险管理的垂直运行体系

纵向垂直管理分为五个阶段：确定目的原则、结果展望、头脑风暴、组织管理和下一步行动。垂直管理就是由上到下、由下到上的管理模式，一个部门的管理需要有机制、有条理地运行，采用垂直管理模式就可以起到上传下达、层层落实、级级把关、提高效益和质量的作用。

风险管理的垂直运营体系，就是从独立董事—董事会—风险管理委员会—总经理／首席风险管理官—风险管理职能部门—业务部门／其他职能部门建立垂直的管理，起到逐级、层层管理落实和检查监督作用。

2. 风险管理的水平运行体系

横向水平管理分为五个步骤：收集、处理、整理、检查、行动。很多企业效率低下的原因就是横向沟通不畅，仅仅依靠等级制度的冗长决策流程，导致基层员工经常处于待命状态无法及时做出行动。所以组织结构设计，除了在决策权限方面的划分，在横向的协调方面也需要通过制度、流程明确组织的横向联系，从而使组织反应迅速。

企业风险横向管理涉及的部门就是企业总经理下的各职能部门，包括综合部、财务部、市场部、生产部及风险管理部（含合规部、法务部、廉政部等），这些部门既是总经理领导的职能部门，又是不同的管理部门，但每个部门又都含有风险管理的职能，它们需要通过风险管理制度、流程建立横向的密切联系，相互协调，迅速对风险管理做出反应。

〈 学习链接 〉

微软中国合规系统化运行体系 [①]

微软公司拥有绝对庞大的体量、有遍布全球各区域的分公司、有IT行业独有的客户信息保护的难题。在错综复杂的风险面前，微软的合规工作是风险管理的重要组成部分。微软大中华区在合规管理上的做法是：依据

---

① 陈立彤. 走近 George, 对标微软中国区合规经验 [EB/OL].

风险管理体系建立微软公司合规部门的架构。

微软按照风险管理体系架构，通过"一横一纵"的原则构建微软合规部门的组织架构。在纵向关系上微软合规部门分为两个部分，一是法律部门与合规办公室，二是总部办公室与区域办公室。而在横向上则是微软合规官与其他企业部门的联动，形成了微软独特的"小团队、大合作"的工作模式。

1. 纵向的结构

从纵向关系上来看，微软公司中设有专门负责合规的办公室（office of legal compliance），它隶属于公司的法律部。合规办公室的主要职能：一是防范合规风险；二是对各类举报进行调查。

在全球的每个区域，微软一般会设置一到两位区域合规官，主要负责当地区域有关重大项目、复杂交易、兼并收购等重大业务活动的合规建议和咨询工作。除此以外，占较大比重的工作是受理投诉和调查，合规官会通过大量调查发现问题，改进合规管理体系，完善合规文化。

微软的区域合规官在汇报工作时也有不同于其他岗位的特征。区域合规官的汇报通常会有两条汇报线。第一条是实线：区域合规官直接向当地的法律部负责人汇报，然后当地的法律部再向总公司的法律部汇报。第二条是虚线：在业务层面，合规部门的所有调查活动，是直接与总部的合规部门沟通。法律部门这条线本身独立，它们会向上级法律部门并最终向总部的总法律顾问汇报。从各个国家，各个区域到总部，尽管合规部门设置在法律部门里面，但它自己有一条独立的汇报线，也就是说，区域合规官直接和总部的合规部门沟通，共享工作内容，共同解决其面临的合规问题。

微软中国区合规风险官乔治说："我认为这样的设计是具有很大优势的，因为区域合规官通常更多是解决当地面临的一些问题。比如，我们在中国面临着很多和美国不同的风险与挑战，因为中国有自己的法律监管体系与思维方式，必须要有专门的、了解这一区域的人来从事区域合规官的职务。此外，我们在某一个国家、区域的业务发现风险问题、合规问题，可能不仅违反了当地国家、区域的监管要求，也违反了美国的一些监管要求。这时就需要我们和美国的合规官互相配合、互相协调。同样，如果美国的合规官遇到涉及大中华区的一些问题，也会跟我们沟通，听取我们的意见。这样在处理一些复杂重大的合规风险的时候，可以让我们从全球的角度考虑问题，从而最大限度地保护公司的利益。"

2. 横向的结构

横向的结构指的是合规官负责牵头，让很多其他的部门一起参与，共同管理，这也是所谓"小团队、大合作"的工作模式。小团队说的是人员精简，大合作指的是合规官会与企业其他部门进行广泛的联动。合规官会跟人力资源部门、法务部门、财务部门、内控部门、内审部门，以及业务部门等进行合作。所以合规工作绝不是由合规部门单独承担，而是由各个部门共同来承担。

合规工作需要三道防线联动，相关部门和岗位共同合作。在具体的合规工作中涉及的很多要求，以"真实的交易"这个合规要求为例，不仅是虚假交易的问题，还涉及反洗钱、反恐怖、反贿赂、反欺诈的问题。很显然，在涉及钱的问题时，财务部门运用财务控制手段来管控风险，其能力和经验远远要比合规官强得多、多得的。又比如在员工管理方面，人力资源部门显然比合规官拥有更丰富的经验。如何在合规风险管控过程中做到"小团队、大合作"，视情况不同而不同，但核心问题是要通过合作，充分发挥各个相关部门的主动性、能动性、积极性，把三道防线的作用充分发挥出来才是硬道理。

企业风险管理数据池的建设

信息是用来消除不确定性的，信息的度量就是对不确定性的减低程度。

——中国审计学会会长、审计署原副审计长孙宝厚

随着以云计算、大数据、人工智能为代表的新一代信息技术的迅猛发展和广泛应用，数据资源在企业发展、经营中的地位与作用日益凸显，企业之间的博弈正在由传统领域向数据空间扩展。开发利用大数据，对提升企业的综合竞争力，为企业创造新价值至关重要。数字化转型为企业创造新价值如图 8-5 所示。

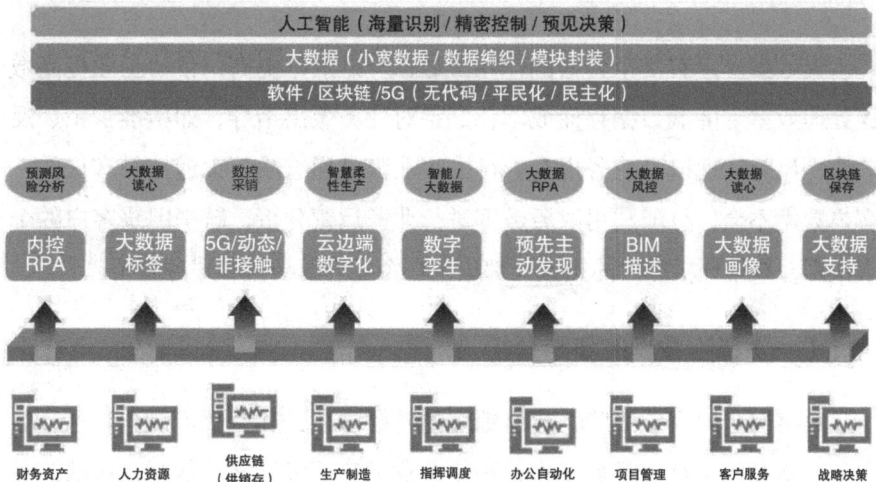

图 8-5 数字化转型为企业创造新价值[①]

---

① 来源：金蝶云。

　　"数据池"是数据共享的重要表现形式，对提高经济效率、鼓励创新、增加消费者福利、促进竞争具有积极的推动作用。

　　目前，数据要素已被作为新型生产要素对待。通过对大规模、多样化的数据进行聚集、处理和分析获取数据价值。数据流动、共享和再利用成为发展数字经济的趋势和必要。

　　数据控制者通过允许他人对其所控制的数据进行访问、使用或将数据转移给他人来实现数据共享。当数据共享行为包含互惠因素时，即可被称为"数据池"。

　　数字时代正在挑战传统风险管理的理论、技术和能力。因此，实现智能化风险管理是企业一项紧迫的、重要的使命。

　　实现智能化风险管理，必须依靠大数据软件应用和服务系统，要想充分运用大数据、互联网、云计算等方法强化对风险管理数据的分析与运用，则必须要有庞大的数据库，建设企业风险管理的"数据池"。

风险管理数据"应收尽收"

　　大数据应用有多个方面的作用，如，一是效率提高，帮助企业提高数据处理效率，降低数据存储成本；二是对业务做出指导，如精准营销、反欺诈、风险管理以及业务提升。过去企业都是通过线下渠道接触客户的，客户数据不全，只能利用财务数据进行业务运营分析，缺少围绕客户的个人数据，数据分析应用的领域大都集中在企业内部经营和财务分析。

（一）风险数据收集与分析

　　数字时代，企业经营、产品销售的各个阶段、环节都可以被记录，客户的消费及网上行为都被采集，这使企业拥有了多维度的数据，包括产品销售数据、客户消费数据、客户行为数据、企业运营数据等。拥有这些数据之后，数据分析成为可能，企业的数据分析团队就能整理数据和建立模型，找到商品和客户之间的关系，找到商品之间的关系，另外也能找到收入和客户之间的关系。

在风险管理方面，风险数据分析建模需要先明确风险管理需求，然后选择是进行风险描述型分析，还是进行风险预测型分析。

如果分析的目的是描述风险行为模式，就采用风险描述型分析，风险描述型分析考虑风险关联规则、序列规则、聚类等模型。

风险预测型分析就是量化未来一段时间内，某个风险事件的发生概率。风险预测型分析有两大模型，分别为风险分类预测和风险回归预测。常见的风险分类预测模型中，目标变量通常是二元分类变量，例如欺诈与否、流失与否、信用好坏等。风险回归预测模型中，目标变量通常是连续型变量，常见的有股票价格预测、违约损失率预测等。

（二）风险管理建模

风险管理建模是将风险分类为客户信用风险评分、市场风险评分、运营风险评分和欺诈检测等类型，借助支持向量机（SVM）、决策树、神经网络、逻辑回归、聚类等各种算法帮助风险管理部门和内部控制部门建立风险模型，从而借助内部网络和计算机技术对可能引发风险的行为和现象进行监控。

充分运用大数据技术，搜集、分类、归档数据信息，建立数据库，并通过"数据池"共享数据，为全面的、智能型风险管理提供了坚实的基础。

例如，在企业合规风险管理中，利用大数据对合规制度进行快速识别、检索、查询和动态维护，对重点部门、重点岗位和重点人员实时做好风险排查和防范，就能及时堵塞管理漏洞，持续完善企业管控体系。

升级算法、算力，提高效率

简单地说，算法是求解问题的方法，算力是计算问题的能力。如果用人来做比喻，算力就是一个人的体力，而算法则是一个人要往哪个方向以及去做什么事情。

随着人工智能、大数据、算力的发展与融合，三者已经有机结合成了一个智能化整体，其内涵和外延趋于多样化，各个细分领域的应用也丰富叠加，你中有我，我中有你。人工智能与大数据、算力的界限越来越模糊。现阶段，人工智能和大数据的应用已经渗透到工业、农业、医学、国防、经济、教育等各个领域，所产生的商业和社会价值几乎是无限的。云计算随着人工智能和物联网的发展应用，也不再局限于存储和计算，已经成为各个行业发展变革的重要推动力。

算力的发展为大数据发展提供坚实的技术保障，算力和大数据的发展为人工智能发展提供技术支撑和基础原料，是人工智能取得突破性进步的核心所在。人工智能的进步又反过来推动算力和大数据的变革。

针对自然灾害等风险管理而言，"数据可能"的关键在于感测技术的进步，无论是遥感技术，还是气象雷达，无论是物联网，还是 5G 技术，均给相关数据的采集与传输提供全新的可能，并促使产生全量、实时、高维和免费的数据新常态。

数据的极大丰富，为"算法解决"提供了基础条件，即人们能够更好地理解风险逻辑与机理。风险的本质是一个复杂系统，神经网络技术的出现可以使人们解释复杂的因果关系，促使人们可能为风险和风险行为建模，其基本路径是通过解构发现风险及其机理，通过重构降低风险。

〈 案例分析 〉

整合多方数据，搭建分析模型，构建智能研判比对方案

某企业在反舞弊实践中，运用智能研判比对方案，通过大数据整合，运用算法知识库，通过标签划定，运用规则库、模型库、算法库分析比对，寻找出涉嫌舞弊的违规人员、风险对象和风险供应商。智能研判比对方案如图 8-6 所示。例如，淘宝反作弊体系就建立并在逐步完善了一套完整的包括但不限于"账号网""交易网""资金网""物流网"的大数据分析体系以及覆盖"售前""售中""售后"的电商全链路的在线学习（online learning）和大规模图形挖掘（graph mining）算法识别系统。同时还建立了完整的"平台化"风险管控系统——"虫洞"，通过系统监控预警，用在线分析的方式将模型算法和人工运营有效结合起来，识别作弊行为并进行有效干预，达到控制各种风险的目的。

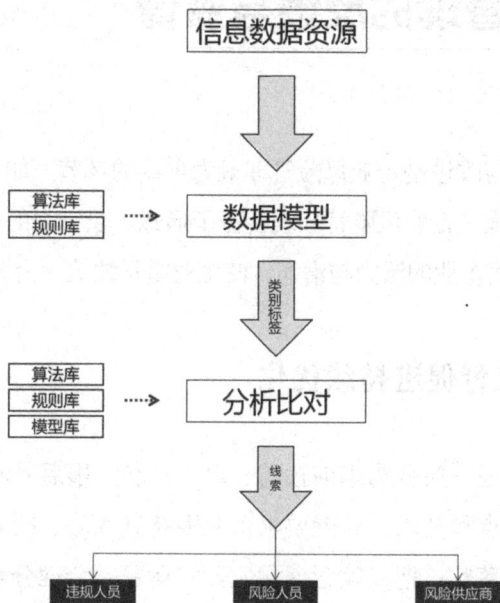

信息数据资源

算法库
规则库　⋯⋯▶　数据模型

类别标签

算法库
规则库　⋯⋯▶　分析比对
模型库

线索

违规人员　　风险人员　　风险供应商

图 8-6　智能研判比对方案

落实风险管理的反馈与监督

执行、监督与改进是企业风险管理最为重要的环节。如果没有完善的、可执行的落实措施，企业风险管理就会流于形式。强有力的执行、监管与持续改进，才能释放企业的活力与潜能，使企业增长绩效，为股东创造价值。

通过反馈与监督促进持续优化

企业风险管理一般分为事前预防、事中控制、事后补救三个阶段，每个阶段各有其特点和要求。这就要求企业围绕其战略、绩效目标制订风险管理计划并狠抓落实；把风险管理融入日常运营，合理分配权责，明确责任人，使员工主动地参与风险管理，而不是消极地应对风险；企业各部门相互交流与通力合作，贯彻执行企业风险管理决策。

要使风险管理按照设定的程序运营，除了狠抓执行外，进行有效的反馈与监督，并持续优化改进尤为重要。

（一）确保信息反馈渠道畅通

企业应建立贯穿整个风险管理基本流程，连接各上下级、各部门和业务单位的风险管理信息沟通渠道，确保信息沟通及时、准确，为风险管理监督与改进奠定基础。

（二）企业风险管理监控

企业各部门要定期对风险管理工作进行自查和检验，及时发现缺陷并改进，其检查、检验报告应及时报送企业风险管理职能部门。

企业每年要安排内部审计部门对各有关部门（包括风险管理职能部门）和关联方能否按照有关规定开展风险管理工作及工作效果进行监督评价，监督评价报告应直接报送董事会或风险管理委员会和审计委员会。此项工作也可结合年度审计、任期审计或专项审计工作一并开展。

企业可聘请专业的中介机构对全面风险管理工作进行评价，出具风险管理评估和建议报告。报告一般应包括以下几方面的实施情况、存在缺陷和改进建议。

（1）风险管理基本流程与风险管理策略。

（2）企业重大风险、重大事件和重要管理及业务流程的风险管理及内部控制系统建设。

（3）风险管理组织体系与信息系统。

（4）全面风险管理总体目标。

（三）风险管理的持续改进

把企业风险管理看成建设和提升风险管理能力的一种系统方法。现实和环境不断变化，意味着风险和管理层的环境假设预期也会不断变化，所以，持续改进对于成功的风险管理工作至关重要。

企业持续改进风险管理，除了通过监督流程来发现风险，提升风险管理能力，还需要其他方法来推动风险管理能力的持续提升。

1. 持续改进流程

持续改进流程如果有明确的、持续的政策、方法和工具的支持，就能改善包括风险管理流程在内的所有流程。当企业具备了管理特定风险或相关风险的能力并能成功落实这些能力时，也必须随时保持警觉，使得企业在复杂多变的全球市场外部和内部发生重大风险变化时，能够不断提升持续改进的能力。

2. 企业风险评估流程和差距分析

企业风险评估流程和差距分析方便了关键风险的识别工作，突出了关键风险管理能力中存在的不能接受的差距。企业通过这些评估和分析活动可以得出有针对性的风险应对措施，而这些风险应对措施反过来又推动风险管理政策、流程、报告、技术的改进和能力的提升。

3. 对标管理

对标管理是将企业风险管理能力与业内同行或"一流"企业进行比较。企业的能力划定得越清晰明确，有效的对标管理流程就越有可能落实到位。如果工作重点由董事会和最高管理层确定，或者得到了他们的批准，需经常向他们通报结果，那么对标管理就会特别有效。对标管理数据传到相应的流程和风险责任人手中，还有可能会成为变革的催化剂。

4. 全面沟通和知识共享

全面沟通和知识共享的内容包括所有的流程和配套技术。借助于它们，风险和风险管理能力的相关信息就可以在整个企业的不同层次和不同部门间持续地传递和交换。在企业最高管理层的协助下，这种全面的信息传递不仅有助于员工了解企业的风险应对措施、度量方法、控制活动和监督流程，而且有助于企业了解风险的存在、性质、重要性、可能性、可接受性和可管理性。这种信息传递活动持续不断，因而有助于共享最佳实践方法和发现急需处理的情况，能有力地推动持续改进。

5. 员工学习

员工学习帮助全企业员工树立对企业风险管理愿景、目的、目标、政策和流程的意识，培养起他们对企业风险管理愿景、目的、目标、政策和流程的认同感和主体责任感。

6. 监督改进项目的实施情况

监督改进项目的实施情况应紧接改进项目识别、排序和相应的行动计划进行，并按既定的进度时间表和检查要点予以追踪。审计活动（如内部审计、风险合规活动、外部审计和法规审计）能够保证改善措施得到及时的执行。然而，管理层应主动地根据持续改进活动的结果采取相应的行动，确保责任人员负责后续工作，并对措施执行情况进行监督。

企业应以重大风险、重大事件和重大决策、重要管理及业务流程为重点，对风险管理初始信息、风险评估、风险管理策略、关键控制活动及风险管理解决方案的实施情况进行监督，采用压力测试、返回测试、穿行测试以及风险控制自我评估等方法对风险管理的有效性进行检验，根据变化情况和存在的缺陷及时加以改进。

实现风险管理责任的可追溯

（一）建立风险管理责任全过程追溯制度

企业为了更好地实施全面风险管理体系，应当建立风险管理责任全过程追溯制度。企业风险管理责任全过程追溯是指以明确企业风险管理责任为基础，以各部门、岗位履行责任的记录和监督检查履职情况为主线，实现企业内部和监管部门对标监督、检查各部门、岗位履行风险管理职责情况，实现风险管理责任可追溯。

企业应建立风险管理责任全过程追溯制度，明确各部门、岗位风险管理责任、责任范围、考核标准等，如实记录履职情况，保证风险管理全过程可监控、可查询和可追溯。该制度包括规定公司负责人、风险管理经理、风险管理机构及管理人员、业务负责人、班组长以及员工职责，并制定风险管理责任考核制度、例会制度、例检制度、管理制度、承诺和报告制度等工作制度，以保障风险管理有效实施。

（二）落实风险管理责任全过程追溯的监督与奖罚

风险管理责任全过程追溯制度建设的责任主体，企业法定代表人或者企业负责人为第一责任人，风险管理机构为直接责任人。企业内应明确风险管理责任全过程追溯的管理部门，其负责风险管理责任全过程追溯制度的建立和组织实施，不定期以"倒查"的方式检验风险管理责任全过程追溯制度运行情况，及时调整、完善相关环节。

发生风险管理事故时，应根据风险管理责任全过程追溯制度，迅速查找和确定事故发生的原因，追溯责任人员履行责任情况，并采取相应措施进行处理。企业应当采取有效措施确保实施风险管理责任全过程追溯制度，真实、准确、及时、完整地记录风险管理各环节的相关信息。对应当记录而没有记录，或记录不属实以及没有直接证据证明履行职责的，应当追溯责任人员相关责任。

奖惩分明，因风险责任问题导致企业目标未实现、绩效损失的部门、责任人，必须受到应有的处罚。企业负有监督管理职责的部门要落实监管责任，负责对风险管理责任全过程追溯制度建立和运行情况实施监督检查，对失职渎职行为依法追究责任。

企业只有对风险管理事故的责任启动追溯机制，确保无论出现何种风险事故都能够快速响应，在最短时间应对处理，才能够避免在出现问题时被真正的责任人拖下水，企业应在事后通过追责的方式来挽回损失。

〈 案例分析 〉

责任追溯：某车企前 CEO 或因 "排放门" 赔超 8500 万元 [①]

2021 年 6 月 6 日，某车企表示，对于一度闹得沸沸扬扬的 "排放门" 事件，公司已与时任首席执行官 B 先生达成和解，B 先生同意向该车企支付约 1100 万欧元（约超人民币 8500 多万元），以部分弥补该车企在这一事件中的损失。

"排放门" 发生在 2015 年，不少汽车企业被曝在 D 国使用非法软件、操控发动机的排放系统，从而使得部分车型能够顺利通过有关环保测试。这一事件导致某车企在罚款、法律费用等方面的损失超过 320 亿欧元。鉴于 B 先生在柴油排放作弊风波中的过失，某车企向 B 先生进行索赔，理由是通过法律调查，B 先生违反了其相关义务，未能充分、迅速地澄清在某

---

① 央视财经.最惨 CEO！某车企 CEO 或因 "排放门" 或将赔款超 8500 万元 [EB/OL].

些柴油发动机中使用非法软件功能背后的情况。

不同的企业有不同的风险管理文化，优秀的风险管理离不开全面、系统、可量化和可追溯这几个特点。某车企的风险管理措施使其减少了因丑闻带来的损失，而通过分析乐高集团案例，可以看到这一家企业是如何通过优化与完善风险管理体系使自己逐渐在游戏和玩具市场崭露头角的，又是如何通过制定和实施风险管理体系辅助战略使自己重获新生的。

＜ 案例分析 ＞

乐高集团的全面风险管理 [①]

1. 乐高集团发展历史

乐高集团（以下简称"乐高"）的发展历史可以划分为三个阶段。

（1）初创与崛起（1932—1994）。二代经营者研发出了经典的塑料积木"凸起＋孔"结构，并申请了专利。通过祖孙三代人的传承经营，乐高形成了有延续性、关联性的产品体系，经过主题套装的创新推出再次推动销售，公司业绩大幅增长。乐高在部分国家建立了庞大的零售网络，初步建成了"积木帝国"。

（2）震荡与危机（1995—2004）。在电子游戏和专利到期的冲击下，乐高开始转型，转型期间乐高执行了具有破坏性转型的计划——"达尔文计划"，导致失去专注的乐高产品线泛滥，同期乐高开始涉足电子产品、教育等业务，过度的资本开支和惨淡的销售，导致乐高财务体系崩溃，2004 年，乐高亏损额达到 19.31 亿丹麦克朗。

（3）重生与增长（2005 年至今）。新一代领导人力挽狂澜，重新专注于积木产品。精简产品体系，剔除冗余业务，让乐高恢复了财务健康，并

---

① 弗雷泽，西姆金斯，瓦埃斯.企业风险管理——全球最佳实践与案例精选 [M].
孙友文，译.北京：经济科学出版社，2021:58-70.
　罗伯逊.乐高：创新者的世界 [M].北京：中信出版社，2014:253-267.
　乐高集团官方网站。

开始落地精益化管理，梳理渠道库存，践行"有限制的创新"，乐高的品牌溢价、利润率创新高。

乐高1995—2019年营业收入与净利润变化情况如图8-7所示。

图8-7　乐高1995—2019年营业收入与净利润变化情况

注：一百万丹麦克朗约为92.87万人民币，具体汇率以当日银行柜台成交价为准

乐高近90年的发展绝非一帆风顺，这家先进的企业也曾走到破产的边缘。在20世纪末的困境中，乐高实际上进行了两次突围：第一次"达尔文计划"以失败告终；第二次采用收缩战略、精细化改造，才实现了新生。而这种新生是和企业全面风险管理分不开的。我们从风险管理的角度来梳理一下乐高是如何化险为夷、管控风险的。

2. 乐高集团的风险管理

2006年之前，乐高集团的风险管理主要为运营、员工安全、危害、信息安全、财务、法律等专项风险管理，组合管理中缺少战略风险。为解决这个问题，公司CEO基于25年来在乐高积累的经验和公司CFO的要求，开始关注战略风险管理，具体做法如下。

（1）企业风险管理。将传统ERM中的财务、经营、灾害和其他风险整合补充到战略风险管理框架中，逐步形成全面的风险管理体系。

（2）运用蒙特卡洛模拟。在2008年采用蒙特卡洛模拟法，通过预算模拟、信用风险组合、合并风险敞口手段，以了解财务业绩波动性及其驱动因素，以便将风险管理纳入预算和报告流程中。

（3）制订主动风险和机会计划。运用识别、评估、处理、重新评估、跟进、报告等步骤，通过系统对风险和机会程序的测试来制订该计划的组成部分，以确保最终项目决策的准确性。这种融合性的战略风险管理方法可以让企业在管理风险的同时为企业创造更多的价值。

（4）应对不确定性。管理层公司不断关注不断变化的世界和行业的趋势，努力界定和检验战略，以确保长期战略与非计划中与未来变化有关的内容。

（1）、（2）是为了将决策流程前置，有意识地用风险思维来影响未来决策。（3）（4）是为了向前端转移或早期就开始参与战略制订和战略规划以及实施流程的工作。

3. 全面风险管理投资回报

得益于高层管理人员的大力支持和强烈关注，乐高的风险管理方法有了很大变化。这证明了将全面风险管理融入公司（包括部分关键规划过程中的经营管理工作）能给企业创造非常大的价值。

在这个平均每年增长率仅达 2% 和 3% 的市场上，乐高在 2006 年至 2019 年期间的平均增长率却为 13.45%，累计年增长率更是达到了 24.74%；销售回报率从 2006 年的 18.28% 增长到 2019 年的 21.55%，并自 2010 年起稳定保持在 20% 以上。公司规模扩大了 3 倍。

乐高集团 2020 年度财务报告称，与 2019 年相比，该集团收入增长 13%，达 437 亿丹麦克朗；零售额同比增长 21%。营业利润达 129 亿丹麦克朗，较 2019 年同比增长 19%。

汉斯说："风险管理不是这些成绩的全部驱动因素，但它确实是一部分。它让我们承担更大的风险和进行更多的投资。蒙特卡洛模拟显示了什么是不确定性，并且将财务规划过程转变为更加动态的估算方法的关键因素。

风险承受能力已经向我们显示了我们可以在董事会和企业管理团队之间承担多少风险。这意味着我们已经准备好做出比以往更大的供应链投资，并且能够实现比我们想象中更大的增长。"

4. 新环境下的全面风险管理

2004 年，乐高陷入濒临破产的困境，主要根源在于内部的战略升级与运营能力的脱节，更进一步说，战略目标与资本结构的不匹配导致陷入财务危机。同年，新上任的 CEO 约恩认为企业的战略管理必须与时俱进，且要保证企业风险管理高度嵌入。

2017 年，乐高成功推动了集团的数字化转变。乐高在数字化和全球化进程上取得了显著成效，从积木帝国直至发展成为如今的"玩具帝国"。

新的环境下，乐高更加注重战略风险管理，并不断地完善企业风险管理体系建设。

乐高通过董事会、审计委员会、集团管理团队、企业合规委员会、可持续发展 ELT 支持小组来管理监督，确保可持续发展公司治理。通过执行下列工作，以及时分析、发现、控制和化解企业风险。

（1）通过询问，了解乐高的内控环境，并了解与可持续发展数据量化与报告相关的信息体系。

（2）审核位于丹麦、匈牙利、捷克、墨西哥和中国的工厂报告的数据，包括完成度评估、数据收集方法、适用于工厂的假设，以及参照基础文档核对报告数据。

（3）规划并进行问询，与乐高各部门共同召开取证会议，了解整合流程和报告流程，企业级体制和集团级控制制度的实施情况。

（4）对整合数据进行趋势分析，并进行相关问询，了解报告数据随时间推移产生的重大变化。

（5）评估已获得的证据。

上述工作为企业确定发展战略打下了坚实的基础。在新的发展战略确定以后，乐高的所有部门都在按照企业新的经营策略运行。企业的风险管理也在更高的标准下开展。例如，乐高在职业道德方面制定了最高标准，要求代表乐高的所有员工，包括第三方员工无论在何处开展工作，都必须严格遵守职业道德标准，并恪守正直诚实、遵纪守法的原则。乐高制定的《乐高职业道德行为规范》，包括反贿赂、反腐败、慈善捐赠、儿童权益、竞争合规性以及避免利益冲突等行为规则。正如所述："所有的供应商和合作伙伴都必须遵守我们负责任的商业原则。我们定期安排第三方对供应商的表现进行审核，并合作解决改进方面的问题。高风险国家每年进行一次审计，中等风险国家每两年进行一次审计，低风险国家定期进行审计。"

5. 结论

乐高通过几十年的风险管理实践，其决策者认识到风险管理不是一味规避风险，而是要勇于挑战、承担必要的风险，以抓住变革的机会。风险管理让企业对于经营增长和创造更多价值时所带来的风险能够更加明智地去承担。

乐高从注重战略风险管理，发展到注重全面风险管理，其中关键因素就是与时俱进地对大数据进行整合和分析研判。乐高的重生靠的是创新转型与不断超越，就"扭转乾坤"的 5 个阶段而言，它们分代表了生存战、核心战、方向战、风险战和持久战。

乐高最终形成了全面、系统、可量化、可追溯的风险管理体系。